신앙의
2막을 여는 남자

신앙의 2막을 여는 남자

초판 인쇄 | 2010년 11월 2일   초판 발행 | 2010년 11월 9일

지은이 | 패트릭 몰리   옮긴이 | 최병채
펴낸이 | 김명호   펴낸곳 | 도서출판 국제제자훈련원

기획책임 | 박주성   마케팅책임 | 김석주
편집책임 | 김순덕   디자인책임 | 고경원
편집담당 | 강민영   디자인 | 이명선

등록 | 제22-1240호(1997년 12월 5일)
주소 | (137-865) 서울시 서초구 서초1동 1443-26
e-mail | dmipress@sarang.org   홈페이지 | www.discipleN.com
전화 | 편집부 (02)3489-4310   영업부 (02)3489-4300
팩스 | 편집부 (02)3489-4319   영업부 (02)3489-4309

책값은 표지에 있습니다.
ISBN 978-89-5731-505-7   03230

● 독자의 의견을 기다립니다.

국제제자훈련원은 건강한 교회를 꿈꾸는 목회의 동반자로서 제자 삼는 사역을 중심으로 성경적 목회 모델을 제시함으로 세계 교회를 섬기는 전문 사역 기관입니다.

신앙의
2막을 여는 남자

패트릭 몰리 지음 — **최병채** 옮김

a man's guide to the
spiritual
  disciplines

주님과 동행하는 남자의 12가지 습관

CREATION	THE BIBLE
PRAYER	WORSHIP
THE SABBATH	FELLOWSHIP
COUNSEL	FASTING
SPIRITUAL WARFARE	STEWARDSHIP
SERVICE	EVANGELISM

국제제자훈련원

This book was first published in the United States by Moody Publishers, 820 N. LaSalle Blvd., Chicago, IL 60610 with the title *A Man's Guide to the Spiritual Disciplines*, copyright © 2007 by Patrick Morley.
Translated by permission of Moody Publishers through arrangement of rMaeng2, Seoul, Republic of Korea.

All rights reserved.

This Korean Edition Copyright © 2010 by DMI Press, Seoul, Republic of Korea.

본 저작물의 한국어판 저작권은 알맹2 에이전시를 통하여
Moody Publishers와 독점 계약한 도서출판 국제제자훈련원에 있습니다.
신 저작권법에 의하여 한국 내에서 보호받는 저작물이므로 무단전재와 무단복제를 금합니다.

20여 년 친구요 동역자인
짐 시버트에게

주님만을 위하는 당신의 섬김과 열정이
내 영적 성장에 영감을 주었습니다.
늘 웃음을 주어서 고맙습니다.

CONTENTS

소그룹 모임을 위한 가이드 • 9
경건 훈련을 시작하며 • 15

2막 1장 하나님이 천지를 창조하셨다
1. 남자, 하나님의 눈으로 보다 • 25

2막 2장 하나님이 성경으로 말씀하신다
2. 남자, 하나님께 경청하다 • 47

2막 3장 하나님이 속삭이신다
3. 남자, 하나님과 대화하다 • 69
4. 남자, 하나님과 교제하다 • 93
5. 남자, 당당히 안식하다 • 119
6. 남자, 교제하면서 강건해지다 • 137
7. 남자, 조언을 구하고 성공을 얻다 • 155
8. 남자, 금식으로 영혼을 살찌우다 • 173
9. 남자, 영적 전쟁에서 승리하다 • 191

2막 4장 하나님이 맡기셨다
10. 남자, 청지기로 살다 • 207
11. 남자, 섬김으로 예수님을 따르다 • 229
12. 남자, 전도로 세상을 움직이다 • 245

후기 • 267
주 • 271

소그룹 모임을 위한 가이드

이 책을 교재로 소그룹 모임을 연다면 누구나 성공할 수 있다. 이를 위해 각 장마다 나눔을 위한 질문들을 수록해 두었다. 하지만 소그룹 모임을 시작하기 전에 인도자는 반드시 다음의 가이드라인을 숙지해야 한다.

모임 시작하기

모임을 함께 하고 싶은 남자들이 있다면 먼저 이 책을 나눠 주어라. 그것이 여의치 않으면 일단 이 책의 맨 앞 쪽에 있는 목차와 각 장 끝에 있는 토론 문제 부분만 복사해서 나눠 주어도 좋다. 그리고 각자 한 주에 한 장章씩 읽고 와서 목차와 토론 문제를 활용해 모임을 진행할 것임을 알려 주고, 이 모임에 참여하고 싶은지 물어 보라. 직장이나 교회, 혹은 이웃에 사는 사람들 누구라도 괜찮다. 초대하고 싶은 사람은 누구든 다 초대하라. 하지만 모임의 가장 이상적인 규모는 4-6명 정도이다.

첫 모임 시간

첫 시간에는 먼저 책을 나눠 주고 앞으로의 일정을 수립한다. 그리고 다음 주까지 첫 장을 다 읽고 끝 부분에 있는 토론 문제를 예습해 오도록 지침을 준다.

그 후에 함께 둘러 앉아 현재 자신의 신앙생활이 어떤지 자유롭게 이야기하는 시간을 가진다. 처음 만나서 어색한 분위기를 바꿀 수 있는 좋은 시간이 될 것이다. 한 사람 한 사람 이야기를 하다 보면 처음에는 어색할지 몰라도 차츰 분위기가 화기애애하게 무르익어 갈 것이다. 한 가지 주의해야 할 것이 있다면, 다른 사람의 이야기를 듣고 판단해서는 안 된다는 것이다. 멤버들 중에는 이제 막 교회를 다니기 시작한 사람도 있고 오랫동안 신앙생활을 해 온 사람도 있기 때문에, 인도자는 참석자들에게 각자 나누는 이야기에는 정답이 없다는 사실을 반드시 주지해야 한다. 모임은 기도로 마치되 정해진 시간을 꼭 지키라.

매주 모임 일정

모임은 먼저 아이스 브레이크 Ice break: 참가자들이 서먹한 분위기를 깨고 서로에게 마음을 여는 것로 시작하라. 아니면 5분 정도 매주 한 사람씩 어떻게 교회를 다니게 되었으며 어떻게 예수님을 믿게 되었는지 간증을 하는 것도 좋은 방법이다. 한 시간 동안 모임을 갖는다면 구체적인 시간 계획은 아래와 같다.

- 10분 – 아이스 브레이크/교제
- 40분 – 토론 문제에 대한 나눔의 시간
- 10분 – 기도
- 약속된 시간에 마침

모임을 90분으로 계획한다면, 나눔의 시간을 60분으로 늘리고, 교제와 기도 시간을 각각 15분으로 조정하면 된다.

모임 인도 요령

인도자는 교사가 아니라 목자가 될 때 성공적인 모임을 만들 수 있다. 모든 질문에 인도자가 정답을 제시해야 한다고 생각하지 말라. 그보다는 멤버들이 서로를 격려하고 각자의 생각을 자유롭게 나눌 수 있는 열린 분위기를 조성하는 것이 인도자의 중요한 역할이다. 그리고 모든 멤버들이 골고루 이야기를 나눌 수 있도록 진행하는 것이 좋다. 누군가 혼자 이야기를 독식하려 한다면 모임 후에 따로 만나서 다른 사람들을 배려해 달라고 부탁하라. 각 질문의 정답을 알아맞히는 것보다 함께 진솔하게 나누는 것이 훨씬 더 중요하다는 사실을 잊어서는 안 된다.

경험

모임을 인도하기 위해서 반드시 소그룹 인도 경험이 있어야 하는 것은 아니다. 잘 모르는 것에 대한 질문을 받으면 솔직히 잘 모르겠다고 이야기하고 모임을 계속 진행하면 된다.

다음 단계

모임을 인도하는 리더는 그 그룹에 참여하는 남자들에게 일종의 전환점을 만들어 주는 사람이다. 멤버들에게 아무런 전환점을 만들어 주지 못한 채 12주 모임이 끝나지 않기를 바란다. 모임이 5-6주로 접어들면 멤버들에게 12주 모임이 끝난 후에 다음 단계는 어떻게 이뤄지는지, 또 이와 같은 소그룹 모임에 어떻게 계속 참여할 수 있는지 알려 주어야 한다. 인도자가 계속 함께하지 못할 경우에 다른 그룹이나 교회의 여러 다른 훈련 과정으로 자연스럽게 이동할 수 있도록 안내해야 한다. 소그룹의 멤버들이 다음 단계로 연결되지 않는다면 인도자가 제 역할을 다 했다고 말할 수 없다.

모임 인도와 남성 그룹에 대한 좀 더 자세한 정보와 자료를 원한다면 웹사이트 www.maninthemirror.org를 방문해 보라. 인도자 훈련 과정이나 소그룹에 관한 다양한 자료들을 얻을 수 있다.

경건 훈련을 시작하며

어떤 사람이 농담반 진담반으로 이렇게 말한 적이 있다. "제 말 좀 들어 보세요. 제가 어떻게 해야 선한 사람이 될 수 있을까요? 누가 좀 가르쳐 주십시오. 왜냐하면 전 제가 얼마나 나쁜 사람인지 이미 잘 알고 있기 때문입니다." 이 책의 집필 의도와 경건 훈련의 목적이 무엇인지 함축적으로 보여 주는 말이다.

우리 주위를 보면 불행하게도 정말 착하게 살려고 하는 사람들이 오히려 본인의 의도와는 정반대의 삶을 사는 경우가 상당히 많다. 여러 설문 조사 결과를 보면 교회에 다니는 열 명의 남자 중,

- 아홉 명은 자녀 중 최소 한 명이 교회를 등지고 떠나는 모습을 볼 것이고

- 여덟 명은 자신이 하는 일에서 만족감을 느끼지 못하며
- 여섯 명은 매달 신용 카드 청구액을 간신히 결재하고
- 다섯 명은 음란물을 끊지 못하며
- 네 명은 앞으로 이혼할 것이고 이로 인해 매년 약 100만 명의 자녀들이 그 영향을 받고 있다.
- 한 명만이 성경적 세계관을 갖게 될 것이고
- 열 명은 직장과 가정 사이의 균형 문제로 갈등한다.[1]

무엇이 경건 훈련인가

경건 훈련이란 주님과 더 가까이 동행하는 삶을 위해서 실시하는 규칙적인 연습이다. 경건 훈련을 통해 우리는 어떤 악순환의 고리를 끊어 버리거나 정체된 신앙생활에 새로운 활력을 줄 수 있다. 또한 경건 훈련이란 온 우주 만물의 주인이신 그분과 더 깊은 관계를 개발할 수 있게 해 주는 거룩한 습관이기도 하다. 하나님을 기쁘시게 해 드리기 위해, 평안한 삶을 영위하기 위해, 경건한 남편이 되기 위해, 자녀들을 거룩하게 양육하고 하나님의 사람이 되기 위해 경건 훈련을 실시하는 것이다.

어떤 운동선수가 훈련의 일환으로 바벨을 들어 올리고 있다면, 그것은 아마도 그냥 무거운 쇳덩어리를 올렸다 내렸다 하는 것을 좋아하기 때문만은 아닐 것이다. 근육을 단련하고 체력을

강화시키고 싶어서 혹은 멋있는 몸매를 가꾸고 싶어서 그렇게 하는 것이다. 마찬가지로 경건 훈련은 그 자체가 목적이 아니라 목적을 위한 수단이다.

"내가 어떻게 선한 사람이 될 수 있는지" 말해 달라고 한 사람에게, 아주 간단하면서도 분명한 대답을 해 줄 수 있다. 우리가 각고의 노력을 기울인다 할지라도 하나님의 사랑을 받을 만한 완벽한 자격을 얻을 수는 없다. 하지만 하나님께서 우리를 만드셨고 예수님께서 우리의 죄를 위해 죽으셨기 때문에, 하나님은 우리를 무조건적으로 사랑하신다.

그래서 경건 훈련은 하나님 앞에서 우리가 점수를 더 따는 데 아무런 도움을 주지 않는다. 하나님을 기분 좋게 하기 위해서 혹은 하나님의 진노를 피하기 위해서 하는 것도 아니고, 하나님의 사랑을 더 받기 위해서 하는 것도 아니다. 우리를 위한 하나님의 사랑은 이미 십자가 위에서 완전하게 주어졌다. 그래서 우리가 믿는 것은 하나님이지 경건 훈련이 아니다.

하지만 그럼에도 불구하고 경건 훈련을 통해서 우리가 하나님을 믿고 따르기로 한 결정이 얼마나 중요한 것인지 분명하게 말할 수 있다. 즉, 경건 훈련은 우리가 예수 그리스도와의 관계 속에서 영적으로 성장하는 것을 돕는 공인된 방법이라고 할 수 있다. 하나님은 항상 말씀하신다. 만약 하나님의 음성이 들리지 않는다면, 그것은 하나님이 침묵하셔서 그런 것이 아니다. 우리가 듣지 않아서 그렇거나, 아니면 우리가 듣는 방법을 모르는 것이다.

하나님께서 말씀하시는 네 가지 방법

하나님의 음성을 듣는 것은 단순한 것 같지만 결코 쉽지 않다. 만약 그게 정말 쉽다면 지금보다 더 많은 사람들이 하나님의 음성에 귀를 기울였을 것이다. 하나님은 이제 옛날처럼 가시떨기 나무나 불기둥을 통해 말씀하시지 않는다. 오늘날 하나님은 다음과 같은 네 가지 방법을 통하여 매일같이 그분을 계시하신다.

- 그분이 창조하신 만물
- 그분의 말씀
- 성령의 '속삭임'
- 성도들의 증언

이제 앞으로 배울 열두 가지 경건 훈련은 바로 이러한 하나님과 우리 인간 사이의 네 가지 커뮤니케이션 방법을 중심으로 이뤄질 것이다.

첫 번째, 하나님은 그분이 만드신 만물을 통하여 말씀하신다. 하나님은 그분이 창조하신 자연 만물을 통해서 우리에게 말씀하신다. "하늘이 하나님의 영광을 선포하고 궁창이 그의 손으로 하신 일을 나타내는도다"시 19:1. 신학자들은 이것을 일반 계시라고 부른다. 이러한 커뮤니케이션은 이 세상 모든 민족 어느 누구와도 가능한 것이다. 그래서 이것이 "1. 남자, 하나님의 눈으로 보다"이다.

두 번째, 하나님은 기록된 그분의 말씀을 통하여 말씀하신다. 하나님은 또한 성경을 통해서 말씀하신다. 시편 19편 7절을 보면, "여호와의 율법은 완전하여 영혼을 소성시키며 여호와의 증거는 확실하여 우둔한 자를 지혜롭게 하며"라고 기록되어 있다. 신학자들은 이것을 특별 계시라고 말한다. 이것이 "2. 남자, 하나님께 경청하다"이다.

세 번째, 하나님은 성령의 '속삭임'을 통하여 말씀하신다. 지금 당신 눈앞에 길이가 약 30센티미터인 정육면체 박스가 하나 있다고 생각해 보자. 그 안에는 오늘의 뉴스, 라디오 프로그램, 휴대폰 통화 소리 등 다양한 소리가 들어 있다. 하지만 그 중 어느 한 가지 소리만 듣고 싶다면 정확한 주파수를 맞춰야 한다. 마찬가지로 성령님의 음성도 바로 내 앞의 정육면체 안에 들어 있지만, 주파수를 정확히 맞추지 않으면 그분의 음성을 전혀 들을 수 없다. 3장에서 9장까지 다음과 같은 주제를 가지고 성령님의 주파수를 맞출 수 있는 방법들을 살펴보겠다.

3. 남자, 하나님과 대화하다
4. 남자, 하나님과 교제하다
5. 남자, 당당히 안식하다
6. 남자, 교제하면서 강건해지다
7. 남자, 조언을 구하고 성공을 얻다
8. 남자, 금식으로 영혼을 살찌우다
9. 남자, 영적 전쟁에서 승리하다

마지막으로 하나님은 성도들의 증언을 통하여 다른 성도들에게 그리고 잃어버린 영혼들에게 말씀하신다. 1장부터 9장까지의 아홉 가지 훈련 내용은 주로 믿는 성도들을 대상으로 하였고, 마지막 세 장4부의 내용은 아직 믿음이 없는 사람들을 우리가 어떻게 도와줄 수 있는지에 초점을 맞췄다.

10. 남자, 청지기로 살다
11. 남자, 섬김으로 예수님을 따르다
12. 남자, 전도로 세상을 움직이다

내가 플로리다에서 드라이브를 할 때면 자주 듣는 라디오 프로그램이 있다. 그런데 어느 일정 지역을 벗어나면 방송 소리는 점점 작아지다가 결국 "치" 하는 잡음만 들린다. 심지어 어떤 때는 경쟁사의 방송 소리가 똑같은 주파수에서 흘러나오기도 한다. 그러다가 얼마 후엔 결국 아무런 소리도 들리지 않게 된다. 하지만 중요한 사실은 내가 그 지역을 벗어났다고 해서 그 방송사가 방송을 중지한 것은 아니라는 것이다.

하나님의 음성도 이와 마찬가지다. 하나님은 그분이 만드신 만물을 통하여, 말씀과 속삭임과 증언을 통하여 항상 그분의 음성을 방송하고 계시다. 그래서 그 방송을 듣고 싶으면 방송 청취가 가능한 지역으로 들어가야 한다. 아무쪼록 이 책이 당신을 하나님께 가까이 인도하고 그분의 음성을 분명하게 듣는 데 도움이 되기를 바란다.

a man's guide to the
spiritual
disciplines

1
남자,
하나님의 눈으로 보다

Preview

하나님께서는 그분이 창조하신 만물을 통해 말씀하신다.

- 자연 만물이 어떻게 하나님의 성품을 나타내는가?
- 왜 하나님의 창조를 즐거워하는 태도를 개발하는 것이 중요한가?
- 이러한 훈련을 일상생활과 연계해서 시작하려면 어떻게 해야 하는가?

그럼 이제, 당신의 천지창조 지수가 얼마나 되는지 간단한 테스트를 해 보겠다.

1. 당신은 하나님의 창조 사역을 어떻게 생각하는가?

    a. 선하다   b. 악하다   c. 선하지도 악하지도 않다

2. 다음 중 하나님과 피조물^{자연, 우주} 사이의 관계를 가장 적절하게 묘사한 말은 무엇인가?

    a. 자연은 하나님에 대해 암시하고 있다.

    b. 자연은 하나님을 계시하고 있다.

    c. 자연은 하나님을 감추고 있다.

    d. 자연은 하나님을 모독하고 있다.

성경은 이러한 질문에 대해서 어떻게 답하고 있는지 살펴보자.

자연 만물과 성경 말씀

C. S. 루이스는 자신이 무신론자였던 이유를 다음과 같이 썼다.

우리가 사는 우주를 보라! 우주의 대부분은 공허하기 짝이 없는 공간과 상상하지 못할 추위와 흑암으로 가득 차 있다. …또 생명이 자랄 수 있는 별은 지구밖에 없다고 생각한다. 더욱이 지구 자체는 수백만 년을 생명 없이 존재했고, 생명이 소멸된 후에도 수백만 년을 더 존재할지도 모른다. 생명이 존재할 때의 모습은 어떠한가? 모든 형태의 생명이 서로를 먹이로 삼음으로써 그 생명을 유지하고 있지 않은가? … 그 중에서도 가장 복잡한 구조를 가진 피조물인 인간에게는 다른 피조물과는 질이 다른 소위 '이성'이라는 것이 있다. … 인간은 그 이성으로 수백 종의 고통의 방법을 고안해 내고, 인간과 다른 생물들에게 여러 가지 고통을 가한다. 이런 일은 이성이 없다면 불가능했을 것이다. 인간은 이 이성의 힘을 충분히 활용한 것이다. 인간의 역사는 대부분 범죄와 전쟁, 질병 그리고 횡포의 기록이었다. 간혹 행복한 순간들이 있기는 하지만, 그 순간들마다 혹시 그것들을 잃어버릴까 봐 불안에 떨다가, 결국 잃어버리면 견딜 수 없이 아픈 비탄의 기억만을 가지게 된다. … 내가 꿈꾸지도 않았던 한 가지 질문이 있었다. … 만일 우주가 그들이 말하는 대로 그렇게 악하거나 혹은 그 반만큼이라도 악하다고 치자. 그렇다면 인간들은 도대체 어떻게 그 악을 선하고 지혜로우신 창조자의 탓으로 돌리게 되었는가? 이것은 터무니없는 어리석은 이야기다.[2)]

그렇다면 하나님이 만드신 자연 만물은 선한가, 악한가, 아니면 둘 중 어느 것도 아닌가? 이 질문에 대한 답은 레너드 스위트 Leonard Sweet의 저서 *Soul Tsunami* 에서 찾을 수 있다. 레너드 스위트의 어머니가 출석하는 교회는 상당히 율법적인 교회였다. 텔레비전이 처음 나왔을 무렵 레너드 스위트의 집에서도 텔레비전을 구입했다. 그런데 텔레비전을 구입한 지 얼마 안 된 어느 날 밤 누군가 현관을 노크하는 소리가 들렸다. 나가 보니 담임목사님이 심방을 온 것이었다. 때마침 거실에는 텔레비전이 켜져 있었다.

목사님은 집안을 자세히 살펴보더니, "소문이 맞군요. 저 마귀의 깜박거리는 상자를 구입했다는 것이." 하고 말했다. 레너드 스위트의 어머니는, 물질이란 결코 마귀의 것이 아니며 물질을 가진 사람들의 행동이 악한 것이라고 이야기했다. 하지만 레너드 스위트의 가족은 마귀의 깜박거리는 상자를 소유했다는 이유로 교회에서 쫓겨났다.

레너드 스위트의 어머니 말이 옳다. 물질 그 자체는 악하지 않다. 하나님이 창조하신 것 중에 악한 것은 없다. 천둥과 번개, 폭풍, 영화나 텔레비전은 악하지 않다. 그러나 인간의 타락으로 아이들이 천둥소리에 깜짝 놀라고, 번개는 화재를 내고, 폭풍은 나무를 쓰러뜨려 거실을 덮칠 수 있게 되었다. 또 영화는 하나님의 형상으로 창조된 인간의 모습을 왜곡해서 보여 주고, 텔레비전은 우리 귀에 더러운 말을 하고 우리 눈에 부정한 것들을 보여 줄 수 있게 되었다.

그렇지만 성경은 이렇게 말씀한다. "…그의 영광이 온 땅에 충만하도다 하더라"사 6:3. 사실 나는 이 말씀을 잘 이해하지 못했다. 왜냐하면 이 세상에는 여전히 악한 것들이 많기 때문이다. 별로 중요하지 않은 쓸모없는 것들도 많다. 이렇게 악하고 쓸모없는 것들이 많은데 어떻게 이 세상이 하나님의 영광으로 충만하다고 말할 수 있는지 이해할 수 없었다.

그러던 어느 날 포도당에 대해서 공부하다가 한 가지 비유가 떠올랐다. 포도당은 세 가지 화학 요소로 구성되어 있다. C_6와

H_{12}, O_6, 즉 여섯 개의 탄소와 열두 개의 수소, 그리고 여섯 개의 산소로 구성된 것이 포도당이다. 이렇게 포도당은 산소로 가득 차 있지만, 산소만으로 구성된 것은 아니다. 산소 외에도 탄소와 수소가 함께 들어 있다. 마찬가지로 이 세상에는 악한 것과 쓸모없는 것들이 한없이 쌓여 있지만 여전히 이 세상은 하나님의 영광으로 가득 차 있다.

"하나님께서 지으신 모든 것이 선하매 감사함으로 받으면 버릴 것이 없나니" 딤전 4:4.

"만물이 그[예수님]에게서 창조되되 하늘과 땅에서 보이는 것들과 보이지 않는 것들과 혹은 왕권들이나 주권들이나 통치자들이나 권세들이나 만물이 다 그로 말미암고 그를 위하여 창조되었고" 골 1:16.

이상의 말씀은 무엇을 뜻하는가? (1) 하나님은 만물을 창조하셨다. (2) 하나님이 창조하신 만물은 모두 선하다. 따라서 (3) 만물은 본질적으로 선하다. 이것은 만물이 존재하는 데에는 의미와 가치가 분명히 있다는 뜻이다. 물론 이 말은 자연 만물이 타락할 수 없다는 뜻이 아니다. 타락의 결과로 오염된 강물에서

악취가 나고, 매연과 자연 재해가 발생한다. 그러나 성경이 의미하는 것은 죄가 없는 한 만물은 선하다는 것이다. 에디스 여사에 의하면 남편인 프란시스 쉐퍼 박사가 자주 이런 이야기를 했다고 한다. "이 세상에는 아직도 아름다운 것들이 많이 남아 있습니다." 영화 《반지의 제왕》을 보면 샘이 낙담한 프로도에게 이렇게 말하는 장면이 나온다. "이 세상엔 좋은 것도 많이 있어. 우리가 싸워서 그것들을 지켜야 해."

믿음이 흔들리지 않으려면 악의 문제에 대해서도 잘 이해해야 하지만, 솔직히 이것은 별로 어려운 문제가 아니다. 악은 본래 의도된 것이 아니었다. 문제는 타락이었다. 한 남자와 한 여자가 타락하여 이 세상에 모든 악이 들어오게 되었다. 아담과 하와가 유혹을 받고 죄를 지은 이 사건은 창세기 3장에 잘 기록되어 있다. 그리고 그 이후 죄는 끊임없이 계속해서 발생했다.

이제 다시 첫 번째 질문으로 돌아가 보자. 하나님이 창조하신 만물은 선한가, 악한가, 아니면 선하지도 악하지도 않은가?

자연 만물에서 하나님을 보다

이제 두 번째 질문으로 돌아가 보자. 자연 만물은 하나님에 대해 암시하는가, 계시하는가, 그것도 아니면 숨기는가, 혹은 모독하는가? 신학자들은 하나님께서 인간에게 그분을 계시하는 방법에는 두 가지가 있다고 이야기한다. 첫 번째는 성경을 통한 특별 계시다. 두 번째는 자연 만물을 통한 일반 계시다. 즉, 자연 만물은 이 세상 모든 사람들에게 하나님에 대한 일반적인 지식을 계시한다는 것이다. 칼뱅은 "화가는 자기가 그린 그림을 통해서 자기 자신을 보여 준다."라고 말한 적이 있다.

붉게 물든 석양을 보면서, 혹은 들판의 백합이나 엄마 오리를 따라 헤엄치는 새끼 오리들을 보면서 우리는 하나님을 볼 수 있다. 보이는 만물을 이해하면 보이지 않는 하나님을 이해할 수 있다. 어디서든 하나님을 볼 수 있는 것이다.

이쯤에서 하나님의 창조 사역을 문화적·역사적 관점에서 살펴보자. 이것은 대부분 프란시스 쉐퍼 박사의 『이성에서의 도피』생명의말씀사, 2006에서 설명된 내용이다. 쉐퍼 박사는 기독교 초기에는 학자들이 자연 세계에 가치를 두지 않았다고 주장했다. 이러한 사실은 박물관에 가 보면 금방 알 수 있다. 13세기 이전의 미술은 고상하고 거룩한 내용이 대부분이었지만 그것은 현실적이라기보다 상징적으로 표현되었다.

중세의 가장 뛰어난 철학자이자 신학자로 평가되는 토마스 아퀴나스가 13세기에 등장한다. 그는 아리스토텔레스 같은 세속적인 철학자들이 지성인들의 주목을 받기 시작했을 때 활동한 인물이다. 사람들은 단순히 관찰을 통하여 자연 세계를 설명해 낸 아리스토텔레스의 능력에 감탄하였고 그 결과 인간의 이성을 강조하여, 기독교 신앙은 큰 위험에 빠지는 듯 했다.

그 때 아퀴나스는 이성과 계시의 조화를 추구했으며, 은혜와 자연의 혹은 천상과 지상의 일치를 꾀하였다. 이러한 아퀴나스의 노력으로 사람들은 단순히 즐기기 위해서 자연 세계를 탐구하기 시작했다. 한 예로 14세기에 페트라크라는 사람은 그냥 산에 오르기 위해서 등산을 했다는 역사적 기록이 있다. 그저 산에 오르겠다는 목적 외에 다른 목적이 없었던 것이다.

그리고 1410년에 어떤 사람이 오늘날과 똑같은 형태의 풍경화를 그렸다. 가로세로 약 3.7센티미터 × 12.7센티미터 크기의 작은 그림이었지만 이 그림은 굉장히 중요한 작품이다. 왜냐하면 자연을 소재로 한 최초의 풍경화였기 때문이다.[3] 만약 영원한 세계와 일시적인 세계를 연결해 준 아퀴나스의 노력이 없었다면 그와 같은 작품은 탄생되지 못했을 것이다.

자연 세계가 하나님의 속성을 나타낸다고 했던 말 일반 계시을 다시 생각해 보자. 예를 들어, 시편 19편의 전반부는 하나님이 창조 사역 일반 계시을 통해서 어떻게 말씀하시는지에 대해서 이야기하고 있고, 후반부는 하나님이 기록된 말씀 특별 계시을 통하여 어떻게 말씀하시는지에 대해서 이야기하고 있다. 그래서 시편 19편은 이렇게 시작한다. "하늘이 하나님의 영광을 선포하고 궁창이 그의 손으로 하신 일을 나타내는도다 날은 날에게 말하고 밤은 밤에게 지식을 전하니 언어도 없고 말씀도 없으며 들리는 소리도 없으나."

하나님께서는 그분이 만드신 만물을 통하여 말씀만 하시는 것이 아니다. 하나님은 천둥 속에서 호령도 하시고, 조용한 숲 속 한 가운데 있는 잔잔한 연못에 떨어지는 작은돌처럼 속삭이시기도 한다. 이 세상 모든 사람들은 자연 만물 속에서 하나님을 보아 왔다. "창세로부터 그의 보이지 아니하는 것들 곧 그의 영원하신 능력과 신성이 그가 만드신 만물에 분명히 보여 알려졌나니 그러므로 그들이 핑계하지 못할지니라"롬 1:20

우리는 여러 감각을 통하여 만물을 경험할 수 있다. 보고 듣고 냄새 맡고 만져 보고 맛볼 수 있다. 그렇다고 자연 만물이 우리를 구원으로까지 인도해 주는 것은 아니다. 하지만 광대하신 하나님을 보여 주고 그분의 보이지 않는 신성을 입증해 준다. 그래서 하나님께 대한 경외감을 느끼기 위해서는 하나님을 온 하늘과 땅을 지으신 위대하신 창조주로 바라보는 것보다 더 좋은 경건의 습관이 없다. 일반 계시를 통하여 하나님을 만날 수 있는 창은 항상 열려 있다.

그래서 하나님과 창조물^{자연, 우주} 사이의 관계를 묻는 두 번째 질문에 대한 답은, 보이는 세계를 깊이 묵상해 보면 보이지 않으시는 하나님의 신성을 볼 수 있게 된다는 것이다. 즉, 자연 세계를 관찰하는 경건의 습관을 개발하면 하나님을 더 깊이 알 수 있다.

창조 세계에서 하나님을 바라볼 수 있는 방법

그렇다면 창조 세계에서 하나님을 만날 수 있는 가장 좋은 방법은 무엇인가? 자연의 아름다움을 감상하는 것인가? 하나님의 형상으로 창조된 사람들을 놀라운 눈으로 보는 것인가? 아니면 인간이 성취해 놓은 여러 업적들을 경외하는 것인가? 사람들은 고층빌딩이나 비행기, 우주선, 텔레비전, 전화기, 컴퓨터 같은 것들을 만들어 냈다. 새로운 대륙을 탐험하고 여러 동식물의 이름을 지어 주었다. 그리고 기적과 같은 여러 의학 치료법들을 개발해 냈다. 이러한 것들을 일일이 열거하자면 끝이 없을 것이다. 그러면 자연 세계와 인간, 인간의 업적 중 어떤 것이 하나님을 더 분명하게 나타내는 것인가?

사실 이런 질문은 불필요하다. 왜냐하면 정답은 이 세 가지 영역에서 모두 다 하나님을 볼 수 있기 때문이다. 정말 놀라운 일이다. 거룩한 것과 세속적인 것을 나누는 이분법적 접근이 완전히 무너졌다. 우리는 성경 공부는 영적이니까 선한 것이고 직장에서 일하는 것은 세속적이니까 선하지 않은 것이라는 잘못된 구분 속에서 살지 않아도 된다. 하나님이 만드신 모든 것은 선하다.

하나님은 자연 만물을 통해 그분을 계시하신다. 인간을 통해서도 계시하시며, 인간이 만든 여러 물질과 업적들을 통해서도 계시하신다.

자연

잠시 책을 내려놓고 밖으로 나가서 정원의 아름다움을 보라. 주말이면 산에 오르거나 바닷가를 찾아 거닐어 보라. 밤하늘의 무수한 별들을 감상해 보라.

나는 먼동이 트기 전 뒤뜰에 앉아 하늘을 바라보는 것을 무척 좋아한다. 고요한 침묵이 사방을 감싸고 있을 때, 부엌에 불이 켜지기 전, 자동차에 시동이 걸리고 차문 소리가 들리기 전, 그 때 나는 시편 8편 말씀을 묵상한다. "주의 손가락으로 만드신 주의 하늘과 주께서 베풀어 두신 달과 별들을 내가 보오니 사람이 무엇이기에 주께서 그를 생각하시며 인자가 무엇이기에 주께서 그를 돌보시나이까"3-4절.

　무슨 책이든 읽어 보면 그 책의 저자에 대해서 알 수 있다. 마찬가지로 창조 세계는 그 장엄함과 아름다움을 통해서 이 세상의 창조주가 어떤 분인지 잘 알려 준다. 즉, 하나님의 관점을 보여 주는 것이다. 자연 세계는 하나님의 보이지 않는 신성과 그분의 영원무궁한 능력을 보여 준다. 뒤뜰에 앉아서 하늘의 별과 달을 바라보고 있으면 이러한 하나님의 위대하심에 절로 고개가 숙여진다.

인간이 만들어 낸 것들

자연 세계를 통하여 하나님을 볼 수 있는 것처럼, 인간이 만들어 낸 것을 통해서도 하나님을 볼 수 있다. 예를 들어 초정밀 시계나 웅장한 고층 빌딩, 장엄한 오케스트라의 연주, 혹은 소음이 거의 들리지 않는 최신식 엔진이나 그릴 위에서 맛있게 구워진 스테이크 냄새를 생각해 보라. 나는 동네에 지어진 집이나 정갈하게 깔린 잔디, 꽃이 이쁘게 심겨진 정원을 보면 절로 감탄한다. 이제 막 잔디를 깎은 정원에서 코끝에 와 닿는 상큼한 풀 냄새와 멋지게 디자인된 골프 코스를 볼 때의 편안함은 내가 참 좋아하는 것들이다. 공원이나 조각 작품, 미술, 음악, 성당, 컴퓨터, 그리고 포르쉐의 남성미 넘치는 멋진 외관 역시 빼놓을 수 없다. 이러한 것들을 나열하자면 아마 끝이 없을 것이다.

하나님은 우리 인간이 이렇게 만든 것들을 통하여 그분이 어떤 분인지 온 세상에 나타내신다. 어느 누가 노트북 컴퓨터와 PDA를 보고 놀라지 않겠는가. 인간이 어떻게 이런 것까지 만들어 낼 수 있을까. 이것은 모두 우리 인간에게 부여해 주신 하나님의 창조 능력을 잘 반영하는 것이다.

인간

자연 세계와 인간이 만들어 낸 여러 물건들 외에도 하나님의 걸작인 우리 인간을 보고 놀라지 않을 수 없다. 어느 누가 아름다운 여성이나 멋진 남성을 보고 좋아하지 않겠는가. 우리는 시상을 통해 사람들의 훌륭한 업적을 기릴 때가 많다. 예술계만 보더라도 에미상, 오스카상, 토니상 같은 시상식이 있다. 랜스 암스트롱이나 제프 고든 같은 탁월한 운동선수에게 수여하는

Espys 미국 스포츠 케이블 방송국인 ESPN에서 최고의 운동선수에게 수여하는 상 같
은 시상식도 있다.

물론 어떤 사람은 자신이 능력 없는 사람이라고 생각할 수도 있다. 하지만, 우리 모두는 토끼나 호랑이, 재주 부리는 곰보다 뛰어난 존재이다. 아무리 못난 사람이라도 가장 뛰어난 짐승보다 훨씬 훌륭하다. 그래서 모든 인간은 아름다운 외모를 소유했는지, 재능이 뛰어난지, 운동에 소질이 있는지에 상관없이 하나님의 피조물이며, 위대하신 하나님을 보여 줄 수 있는 존귀한 존재이다.

자연 세계의 아름다움이나 인간이 만들어 낸 아름다움, 인간 자체의 아름다움은 결국 모두 같은 것이다. 이 모든 것이 거룩하신 하나님의 위대하심과 선하심을 보여 주는 계시의 통로이다. 루돌프 오토는 자신의 책, 『성스러움의 의미』 분도출판사, 1987 에서 초월적인 하나님의 임재를 두려운 신비로 묘사하면서 이와 같은 사실을 잘 요약했다.

이러한 감정은 때로는 고요한 조수와 같이 깊은 예배의 평온 속에서 우리 마음에 엄습해 오기도 한다. 그리하여 우리 영혼에 머물다가 여운을 남기고는 드디어 아주 사라져 버리면서 우리의 영혼을 또다시 속된 세계로 몰아넣는다. 또 그런가 하면 갑

자기 저돌적인 충격과 경련을 일으키면서 영혼으로부터 폭발해 나오기도 하며 때로는 이상한 흥분과 도취, 환희와 황홀경으로 이끌기도 한다. 마치 미친 것 같은 악마적 형태로 나타나기도 하며 으스스할 정도의 소름과 전율로 하락하기도 한다. 거칠고 야만적인 그 이전의 단계와 표현들이 있는가 하면, 섬세하고 순수하고 밝은 것으로 발전되기도 한다. 또한 어떤 것 앞에서는 피조물의 겸손하고 말없는 침묵과 떨림으로 변하기도 한다. 과연 어떤 것 앞에서인가? 말할 수 없는 신비 속에서 모든 피조물을 초월한 자 앞에서이다.[4]

우리가 자연을 통해서 얻을 수 있는 것은 바로 하나님의 거룩함을 경험하는 것이다. 하나님이 만드신 창조 세계에서 하나님의 거룩함을 발견한다면 어떻게 반응하겠는가? 로마서 1장 21절에 기록된 대로 함정에 빠지지 않기를 바란다. "하나님을 알되 하나님을 영화롭게도 아니하며 감사하지도 아니하고 오히려 그 생각이 허망하여지며 미련한 마음이 어두워졌나니." 하나님께 영광을 돌리고 감사를 돌리라. 이것이 바로 우리가 이 거룩한 이 습관을 길러야 하는 이유이다. 우리가 이러한 습관을 기른다면 자원하여 하나님께 영광을 돌리고 감사를 드리는 자리에 분명히 이를 수 있을 것이다.

경건 훈련 방법

- 하루 중 조용한 시간을 택해서 조용히 방에 앉으라.
- 방 안에 있는 모든 것들여러 소음, 정적, 삐걱거리는 소리, 창밖의 바람, 또는 바람의 잠잠함, 환기구, 습도, 온도, 당신의 몸, 가구, 전등, 의자, 천, 옷, 색깔, 그리고 이런 것들을 바라볼 때 느껴지는 감정 등에 주목해 보라.
- 방 안에는 라디오와 텔레비전, 휴대폰, 컴퓨터가 없어야 한다.
- 방 안에 있는 하나님의 영을 감지해 보라. 마치 하나님의 영이 나의 인식과 상관없이 늘 그곳에 있었던 것처럼 말이다.
- 이렇게 기도하라. "예수님, 지금 이 곳에 저와 함께 계신 것을 압니다. 제가 느낄 수 있게 해 주십시오."

또 다른 경건 훈련 방법

- 새벽이 밝기 전에 하늘을 보면서 조용히 앉으라.
- 동이 터오는 주홍빛 하늘을 바라보라.
- 시냇가로 가서 물소리를 들어 보라. 그리고 그 너머에서 들려오는 새들의 소리와 바스락거리는 나뭇잎 소리도 들어 보라.
- 개미탑을 보라.

- 백로를 보라.
- 짝을 짓는 두 마리 새를 보라.
- 산을 바라보면서 그 산을 만약 수레로 실어 나른다면, 또는 그 산을 만들거나 정상까지 오르려면 시간이 얼마나 걸릴지 생각해 보라.
- 엄마 오리와 새끼 오리들을 생각해 보라.

하나님 아버지, 경배합니다. 모든 영광과 감사를 드립니다. 주께서 만드신 창조의 세계 속에서 하나님 아버지를 봅니다. 어느 곳에서나 하나님 아버지를 봅니다. 사람들 속에서, 사람들이 만든 훌륭한 물건 속에서, 자연 세계에서 아버지를 봅니다. 참 좋습니다. 아버지께서 이렇게 우리에게 당신을 나타내셨으니, 제가 이것을 기억하며 아버지 앞에 나아오는 경건의 훈련을 하고 습관으로 기르도록 도와주옵소서. 그래서 하나님과 늘 동행하게 해 주시고 아버지와 하나가 되어 더 깊은 관계 속으로 들어가게 하옵소서. 예수님의 이름으로 기도합니다. 아멘.

Review

- 보이는 세계를 깊이 묵상해 보면 보이지 않으시는 하나님의 신성을 볼 수 있다.
- 붉게 물든 석양을 보면서, 또는 들판의 백합이나 엄마 오리를 따라 헤엄치는 새끼 오리들을 보면서 하나님을 볼 수 있다.
- 자연 세계를 관찰하는 경건의 습관을 개발하면 하나님을 더 깊이 알 수 있다.
- 무슨 책이든 읽어 보면 그 책의 저자에 대해서 알 수 있다. 마찬가지로 창조 세계는 그 장엄함과 아름다움을 통해서 이 세상의 창조주가 어떤 분인지 잘 알려 주고 있다. 즉 그분의 관점을 보여 주는 것이다.
- 자연 세계의 아름다움이나 인간이 만들어 낸 아름다움, 인간 자체의 아름다움은 결국 모두 같은 것이다. 어느 것이든 우리로 하여금 거룩하신 하나님의 위대하심과 선하심을 보여 주는 계시의 통로이다.

토론 문제

1. 창세기 1장에 나오는 천지 창조를 읽어 보라. 특별히 10, 12, 18, 21, 25, 31절에 주목하라. 각 구절에서 반복되는 것은 무엇인가? 이 말씀에 근거해 볼 때 하나님께서 창조하신 세상에 대해서 어떻게 말할 수 있겠는가?

2. 시편 139편을 읽어 보라. 특히 13-16절에 주목하라. 이 본문은 당신이 어떤 존재라고 말씀하고 있는가?

3. 최근에 하나님의 창조 세계를 깊이 묵상해 본 경험이 있다면 이야기해 보라.

4. 그 경험을 통하여 하나님에 대해 알게 된 것이 있다면 무엇인가?

5. 지금까지 우리는 자연과 인간, 인간이 만든 것을 통하여 하나님을 경험할 수 있는 방법에 대해 이야기 했다. 이 세 가지 중 어느 것이 가장 분명하게 하나님을 알 수 있도록 해 주는가? 어느 것이 하나님의 임재를 가장 잘 느끼게 해 주는가?

2막 2장

하나님이 성경으로 말씀하신다

a man's guide to the
spiritual disciplines

2
남자,
하나님께 경청하다

Preview

성경을 읽는 것은 중요한가?
정기적인 성경 공부와 묵상을 개발하려면 어떻게 해야 하는가?

- 성경은 하나님의 말씀이라는 사실을 이해하라.
- 성경이 쓰인 목적이 무엇인지를 배우라.
- 성경을 읽는 실제적인 방법, 즉 언제 어디서 얼마나 자주 읽어야 하는지 알아보라.

A MAN AND THE BIBLE

프로 골퍼 비제이 싱 선수가 마스터스 대회에서 우승했을 때, 그의 골프백에는 작은 메모지가 하나 걸려 있었다. 열 살 난 아들이 적어 준 것이었는데, 거기에는 다음과 같이 쓰여 있었다. "아빠, 아빠의 스윙을 믿으세요." 그는 아들의 충고를 잘 받아들였고 마침내 우승까지 했다.

사실 연습장이나 골프장에 갔을 때 사람들이 스윙하는 모습을 보면 그 사람이 레슨을 받은 사람인지 아닌지 바로 알 수 있다. 대부분의 경우 훈련을 하지 않으면 혹은 잘못된 훈련을 하게 되면 헛스윙을 하게 된다. 프로 골퍼에게, 즉 상당히 많은 시간과 노력을 투자해서 효과적으로 경기를 할 수 있는 사람에게 레슨을 받게 되면, 그리고 선생님이 가르치는 대로 열심히 연습을 한다면 제대로 된 스윙을 할 수 있다.

상상해 보라. 만약 비제이 싱 선수가 전화를 해서 "제가 내일 그 근처에 갈 계획인데, 무료로 레슨을 해 드리면 어떨까요?" 하고 말하는데 레슨을 거절할 사람이 있겠는가.

영적으로도 우리에게는 이와 같은 특권이 있다. 우리 그리스도인들은 모두 예수님처럼 살도록 부름을 받았다. 물론 "예수님처럼 산다는 말이 무슨 뜻인지도 잘 모르겠어요."라고 말할 사람도 있겠지만, 분명히 예수님이야말로 이러한 부르심에 대하여 우리를 가르칠 수 있는 가장 훌륭한 스승이다. 예수님께서 바로 내일 당신을 찾아가실 것이다. 아니면 오늘밤 당장 가실 수도 있다. 예수님께서 오시면 무엇부터 가르치실까? 예수님께서는 바로 성경부터 가르치실 것이다. 성경을 어떻게 읽고 어떻게 공부해야 하는지부터 시작하실 것이다.

성경 공부란 무엇인가?

디모데후서 2장 15절을 보면, 바울은 그의 영적 아들 디모데에게, "너는 진리의 말씀을 옳게 분별하며 부끄러울 것이 없는 일꾼으로 인정된 자로 자신을 하나님 앞에 드리기를 힘쓰라."고 말한다. 헬라어 사전을 보면 "옳게 분별하며"라는 말은 "무엇을 똑바로 자르다. 해부하다."라는 뜻이다. 즉, 이것은 어떤 주제에 대해서 피상적으로 알고 있는 상태를 말하는 것이 아니라, 충분한 시간과 생각과 노력을 투자한 사람을 가리키는 말이다.

성경 읽기는 좋은 습관이다. 그러나 성경 공부는 읽기와 상당히 다르다. 각 장을 넘기면서 내가 하루에 얼마나 많이 읽었는지를 자랑하는 것이 아니라, 읽고 '해부'하는 것이다. 곰곰이 생각해 보고 되새겨 본 후에 우리 삶에 적용하는 것이다.

성경을 믿는가?

성경을 공부하려는 사람은 먼저 성경이 하나님의 말씀이라는 사실을 믿어야 한다. 어떻게 이 사실을 확신할 수 있는가?

성경이 그렇다고 주장하고 있기 때문이다. 무려 3,800번 이상 성경의 저자들은 다음과 같은 문구를 사용한다. "여호와께서 이르시되", "여호와께서 말씀하시되". 어떤 선지자들은 하나님으로부터 직접 명령을 받아서 그분의 말씀을 전하지 않을 수 없다고 이야기했다. 또한 예수님께서는 구약성경을 인용하시어 구약성경이 하나님의 말씀인 것을 직접 입증하셨다.[5]

예수님은 구약성경의 권위를 인정하시고 구약의 말씀을 인용하셨다. 예를 들면, 성전에서 돈을 바꾸던 자들을 내쫓으시며 이사야 56장 7절과 예레미야 7장 11절을 인용하셨다. "그들에게 이르시되 기록된 바 내 집은 기도하는 집이 되리라 하였거늘 너희는 강도의 소굴을 만들었도다 하시니라"눅 19:46. 또한 예수님은 그분의 사역을 공식 선포하실 때 모세의 권위를 인용하기도 하셨다. "모세를 믿었더라면 또 나를 믿었으리니 이는 그가 내게 대하여 기록하였음이라"요 5:46.

이 두 구절만 보더라도 예수님이 모세가 기록한 말씀창세기, 출애굽기, 레위기, 민수기, 신명기과 선지자 예레미야와 이사야가 기록한 말씀신구약 66권 중 7권을 공식적으로 인정했다는 사실을 잘 알 수 있다.

다음 성경 구절은 바로 이러한 성경의 능력과 권위를 잘 나타내 준다.

"모든 성경은 하나님의 감동으로 된 것으로 교훈과 책망과 바르게 함과 의로 교육하기에 유익하니 이는 하나님의 사람으로 온전하게 하며 모든 선한 일을 행할 능력을 갖추게 하려 함이라"딤후 3:16-17

"하나님의 말씀은 다 순전하며 하나님은 그를 의지하는 자의 방패시니라 너는 그의 말씀에 더하지 말라 그가 너를 책망하시겠고 너는 거짓말하는 자가 될까 두려우니라" 잠 30:5-6.

성경의 내적 증거는 매우 분명하다. 곧 성경은 하나님께로부터 났고 오류가 전혀 없다. 물론 내적 증거란 항상 옳은 것이 아니다. 내가 만약에 "나는 대영제국의 왕이다."라고 주장한다고 해서 왕이 되는 것은 아니다. 그렇다고 성경이 하나님의 말씀이라고 하는 성경의 내적 증거가 중요하지 않다는 이야기가 아니다. 사실 이러한 내적 증거를 지지하는 경험적 증거가 있다. 예를 들면, 성경이 1,500년이 넘는 기간 동안 40여 명의 서로 다른 저자들이 기록한 66권의 책으로 구성되어 있다는 사실을 생각해 보라. 그럼에도 불구하고 성경은 마치 한 옷감처럼 처음부터 끝까지 일관성이 있다. 이러한 사실은 성경이 만들어지는 과정에 하나님께서 친히 개입하시고 인도하셨다는 결론 외에 달리 설명할 길이 없다.

그리고 5,659개나 되는 헬라어 사본이 현재까지 남아 있다. 플라톤 사본은 겨우 일곱 개 정도 밖에 없고, 율리어스 카이사르의 사본은 겨우 열 개일 뿐이다.[6] 그렇지만 학자들은 플라톤이나 카이사르를 모두 인정한다. 이렇게 내용의 일관성으로 보나 사본의 증거로 보나 성경은 하나님의 말씀이라는 사실이 분명하다.

　초대 교회에서는 성경의 어떤 원본을 받아들이고 인정할 것인지를 결정하는 과정을 거쳤다. 여기서 성경 말씀으로 받아들여져서 그 권위를 인정받은 책들을 묶어 한 권으로 만들었는데, 이를 신학적인 용어로 정경이라고 한다. 구약 정경은 B. C. 300년에 만들어졌고, 신약 정경은 1세기 말에 만들어졌다. 사도 바울의 열세 개의 서신서가 회람되었고, 그 때 교회는 사본들을 수집하고 모아 두기 시작했다. 또한 복음서들도 1세기 말부터 2세기 초까지 회람되었다. 초대 교회 지도자들은 그 때부터 벌써 어떤 사본이 진짜이고 가짜인지 구분하기 시작했다. 그래서 2세기 말에 이르러서는 사복음서가 하나님의 기록된 말씀으로 받아들여졌다.

　하지만 당시 이러한 사실을 부인했던 자들도 있었다. 마르키온이라는 인물은 정경을 비판하였다. 그는 누가복음 편집본과 사도 바울의 서신서 열 편만 성경으로 받아들였다. 2세기 중엽 마르키온은 공의회에서 로마 교회의 지도자들 앞에 섰지만 결국 그의 주장은 기각되었다. 그리고 당시 이미 진행 중이던 정경화 작업은 마르키온의 주장 때문에 더 빨리 진행되었고 공식적인 대응도 신속히 이루어졌다.

　4세기 말에 이르러서 중요한 공의회가 두 번 열렸다. 363년에 있었던 라오디케아 공의회와 397년에 있었던 카르타고 공의회이다. 이 두 공의회는 이미 교회가 인정했던 정경 목록을 확실히 하였다. 이집트 알렉산드리아의 교부였던 아타나시우스는 당시 매년 부활절 편지를 썼는데, 367년 부활절 편지를 통해서 오늘날과 같은 신약 27권을 인정하고 그 말씀의 권위와 참됨을 증언하였다.

이러한 증거로 인하여 오늘날의 성경이 탄생하였다. 지금까지 수천 년 동안 기독교 지도자들은 한결같이 정경화 작업이 하나님의 역사였다는 사실과 성경이 믿을 수 있는 하나님의 말씀이라는 사실에 동의하였다. 수많은 학자들이 성경의 신뢰성을 연구하는 데 엄청난 시간과 자본을 소비했다. 그리고 내린 결론은 "성경은 하나님의 말씀이다."라는 것이다.

왜 성경 공부가 중요한가?

성경 공부를 할 때는 먼저 성경이 쓰인 목적이 있다는 사실을 기억해야 한다. 요한복음을 기록한 예수님의 제자, 즉 주님을 개인적으로 매우 잘 알던 사도 요한은 요한복음 끝부분에 가서 왜 그의 기록이 선택적이었는지 그 이유를 설명하였다. "예수께서 제자들 앞에서 이 책에 기록되지 아니한 다른 표적도 많이 행하셨으나 오직 이것을 기록함은 너희로 예수께서 하나님의 아들 그리스도이심을 믿게 하려 함이요 또 너희로 믿고 그 이름을 힘입어 생명을 얻게 하려 함이니라" 요 20:30-31.

1994년의 한 연구에 의하면 미국 사람의 73퍼센트가 성경에 나오는 기적이 실제로 일어났다고 믿는다고 한다. 하지만 현재 미국의 문화를 보면 그러한 믿음이 사람들의 사고나 행동을 변화시키지 못했다는 사실을 알 수 있다. 요한은 분명한 목적을 가지고 수많은 이적과 사건을 기록했다. 그는 그의 글을 읽는 사람들이, 예수님이 메시아, 곧 구세주이며 하나님의 아들인 것을 알기 원했다.

그런데 왜 이러한 사실이 중요할까? 믿음은 생명을 낳기 때문이다. 신학자들은 성경이 우리의 칭의와 성화를 위해 주어졌다고 말한다. 이 말은 성경이 기본적으로 우리를 믿음^{구원, 칭의}에 이르도록 하기 위해서, 그리고 지속적으로 성장하여 예수님을 닮아가도록 하기 위해서 주어졌다는 것이다. 성화의 과정이 바로 시편 1편에 잘 나타나 있다. 하나님의 말씀에 전원을 꼽는 사람에게 특별한 약속을 하시는 것이다.

"복 있는 사람은 악인들의 꾀를 따르지 아니하며 죄인들의 길에 서지 아니하며 오만한 자들의 자리에 앉지 아니하고 오직 여호와의 율법을 즐거워하여 그의 율법을 주야로 묵상하는도다 그는 시냇가에 심은 나무가 철을 따라 열매를 맺으며 그 잎사귀가 마르지 아니함 같으니 그가 하는 모든 일이 다 형통하리로다"시 1:1-3.

이 말씀을 자세히 살펴보자. 1절에 일련의 행동들이 나온다. 걷고, 서고, 앉는 것이다. 이것은 하나님의 말씀을 좇아 살지 않는 사람이 점점 죄악 된 길에 빠지는 위험에 대해서 말한다. 하지만 반대로 하나님의 말씀을 기뻐하는, 즉 귀히 여기고, 사모하고, 마음을 다하여 따르는 사람은 전혀 다른 인생길을 걷게 된다. 그 사람은 열매가 풍성하며 형통한 길로 가게 된다. 이렇게 말씀은 하나님의 계획을 분별하고 따를 수 있도록 도움을 주기 때문에 성경 공부는 매우 중요하다.

말씀대로 살기

나는 내 아들이 무척 자랑스럽다. 왜냐하면 이 시편 1편에서 이야기하고 있는 사람처럼 말씀의 사람이 되기로 결단했기 때문이다. 하나님의 말씀을 삶의 기준으로 삼은 것이다. 이런 아들이 얼마 전에 결혼을 했다. 신랑 들러리 중에 아내 친구의 아들이 한 명 있었다. 아내의 친구가 결혼식 전날 아들에게, "너 오늘 총각 파티 때 뭘 할 거니? 술 마시면서 스트립쇼라도 볼 거니?" 하고 물었다. 아들은 "아니요, 어머니. 그런 건 안 할 거에요. 내일 결혼할 존 몰리는 그런 애가 아니에요. 아마 영화를 볼 거 같아요." 하고 대답했다.

오래 전, 아들이 어느 정도 컸다고 생각했을 때, 성경 읽을 때 마다 용돈을 주곤 했다. 물론 딸도 마찬가지였다. 지금 와서 생각해 보면 그건 정말 훌륭한 투자였다. 왜냐하면 성경을 읽으면서 아들이 말씀의 사람으로 변화되었기 때문이다. 아들은 대학교에 입학해서도 계속 성경을 읽었다. 뿐만 아니라 교회에 출석했고, 학교에서는 복음 동아리에 가입해서 매주 목요일마다 집 근처 레스토랑에서 네다섯 명의 고등학생들을 대상으로 성경 공부를 인도하기도 했다. 딸 역시 그와 비슷한 길을 걸었다.

아들은 그 잎사귀가 시들지 않는 시냇가에 심은 나무와 같은 사람이었고 지금 그의 인생은 참으로 바람직한 방향으로 가고 있다. 이것이 그가 결코 힘든 일이나 고난을 겪지 않으리라는 이야기인가? 아니다. 그건 한 젊은이가 말씀의 훈련을 실제 삶 속에서 실천할 수 있었다는 뜻이다. 말씀을 삶에 적용하는 것이

가능한 일이라는 것을 알려 주는 것이다. 하나님의 말씀은 누구에게나 열려 있다. 그렇다면 문제는 우리가 하나님의 말씀을 향해 열려 있는가 하는 것이다.

성경 공부 훈련을 위한 몇 가지 제안

지금까지 성경이 하나님의 말씀이라는 사실을 살펴보았다. 이 사실을 믿는다면 성경을 읽고 싶다는 마음이 드는 것은 당연한 일이다. 영국의 유명한 화가인 프랜시스 베이컨 Francis Bacon 은 "독서는 전인적인 사람을 만들고, 회의는 준비성 있는 사람을 만들며, 메모는 정확한 사람을 만든다."고 말했다. 그래서 이 책을 읽고 있는 당신에게 가장 먼저 하고 싶은 말은 바로 성경을 읽으라는 것이다. 찰스 스펄전은 실제로 성경을 읽는 사람들 중에 성경 말씀을 위해 모든 것을 바칠 수 있는 사람은 얼마 되지 않는다는 사실을 발견하고 안타까워 했다. 성경을 그냥 책장에 꽂아 두지 말라. 그냥 가방 안에 넣어 다니지 말라. 꼭 읽으라.

다음은 규칙적으로 성경 공부를 할 수 있는 구체적인 몇 가지 방법이다.

1. 작은 성경을 구하라

주머니에 들어갈 정도로 작은 성경책을 구하라. 아니면 PDA에 저장할 수 있는 성경 소프트웨어도 괜찮다. 내가 영업직에 종사할 때, 나를 만나기 싫어하는 사람을 만나야 할 때가 있었다. 그럴 때는 대기 시간이 길어지기 일쑤다. 사실 내가 만나 줄 것을 사정한 것이기 때문에 기다리는 시간이 길어질 때마다 나는 이렇게 생각했다. '내가 얼마나 고마워하고 있는지 테스트하려는 모양이군.' 그래서 주머니에 들어가는 작은 성경책을 기다리는 동안 읽고 또 읽었다. 지금은 PDA에 성경이 두 종류나 들어 있다.

당신은 성경 읽을 시간이 없다고 생각할 수도 있다. 그렇지 않다. 작은 성경을 구입해서 비행기나 다른 교통편을 기다릴 때, 또는 약속 시간이나 뭔가를 기다려야 하는 상황이 발생할 때마다 읽어 보라. 마음만 있으면 성경 읽을 시간은 얼마든지 있다.

2. 일 년 일독 성경을 구하라

일 년 일독표가 있는 성경을 보면 매일 읽어야 할 분량과 일정이 짜여 있다. 그 일정대로만 따라가면 일 년 후엔 성경 전체를 일독하게 된다. 나는 20년 이상 이 일정표를 사용하고 있다.

이 표만 따라가면 전략적으로 최소 일 년에 한 번은 성경 전체를 읽을 수 있다.

3. 규칙적인 성경 읽기와 공부 시간을 정하라

하루 중 방해 받지 않는 시간을 택해서 규칙적으로 성경을 읽거나 공부하라. 혹시 방해하는 것이 있는가? 내 경우에는 일단 뭔가 다른 것을 먼저 하게 되면 성경을 연구하거나 읽고 묵상하는 시간을 위해서 마음잡고 자리에 앉기가 무척 어렵다. 그런데 나 말고도 이런 사실을 잘 알고 있는 자가 있다. 바로 우리의 원수, 마귀이다. 그래서 성경에 집중하려면 기도 외에 다른 방법이 없다. 나는 주기도문을 좋아해서 그럴 때면 주기도문으로 기도하기도 한다. 처음부터 방해받지 않도록 성경 공부를 최우선 순위에 두는 것이 중요하다.

개인적으로 아침 시간을 권한다. 나는 아침 일찍 일어나서 성경을 읽고 공부한다. 일주일에 사흘은 한 시간 정도 실내 자전거 운동을 하는데, 그 때 자전거에 앉아서 성경을 읽는다. 한 번에 두 가지 일을 하는 것이지만 재미있다. 그 다음 날에는 책상에 조용히 앉아서 성경을 읽는다.

5분만 시간을 내보라. 만약 개인 경건 시간을 꾸준히 갖지 못한다면 매일 5분만 시간을 내서 성경을 한 장 읽고 잠깐 기도해 보라. 신약성경부터 시작하는 것이 좋다. 총 260장이기 때문에 하루에 한 장씩, 일주일에 닷새를 읽으면 일 년에 신약을 모두 읽을 수 있다. 신약만 일독을 해도 상당히 큰 일을 한 것이다. 은혜가 되는 구절에는 밑줄도 그어 보고 말씀을 적어 가지고 다니면서 외워 보라. 힘과 용기와 담대한 믿음이 생길 것이다.

4. 그룹으로 성경 공부를 하라

베이컨이 했던 말이 기억나는가? "독서는 전인적인 사람을 만들고, 회의는 준비성 있는 사람을 만들며, 메모는 정확한 사람을 만든다." 이 말은 마음의 양식은 책을 읽어서 채울 수 있지만 준비성 있는 사람이 되는 것은 다른 사람과의 만남의 결과라는 뜻이다.

내 동생 피트는 수년 전에 예수님을 믿게 되었다. 하지만 처음 몇 년 동안은 동생의 믿음에 대해서 별 확신이 들지 않았다. 그의 신앙고백을 들었지만 실제 신앙생활과는 상당히 거리가 멀어 보였다.

그러던 동생이 교회에서 남자 성경 공부 모임에 들어가더니 변하기 시작했다. 완전히 다른 사람이 되었다. 하나님의 말씀에 마음을 열더니 가치관과 삶의 방식이 말씀으로 변화되었.

당신도 남자 성경 공부 모임이나 부부 성경 공부 모임에 참여해 보라. 혼자 성경을 읽거나 묵상할 때와는 다른 차원의 은혜를 경험하게 될 것이다. 성경 공부 모임에 가입하지 않고 신앙생활을 하는 성도가 있다면, 그 사람은 마치 오케스트라단에 가입하지 않은 바이올린 연주자이며 팀이 없는 축구 선수, 소속사가 없는 비즈니스맨과 똑같다.

변화된 삶

나는 이제껏 하나님의 말씀을 배우지 않고도 삶이 변했다는 사람을 만나 본 적이 없다. 말씀은 일단 받아들이면 반응을 요구한다. 구약시대의 선지자 이사야가 다음과 같은 말씀을 기록했다. "내 입에서 나가는 말도 이와 같이 헛되이 내게로 되돌아오지 아니하고 나의 기뻐하는 뜻을 이루며 내가 보낸 일에 형통함이니라" 사 55:11.

이게 바로 내 동생 피트에게 일어나고 있는 일이다. 당신의 삶 속에도 똑같이 일어날 수 있는 일이다. 성경을 읽으라. 성경 공부는 훈련이다. 운동 경기를 위한 훈련처럼 영적 성장을 위한 훈련이다. 골프 레슨을 받지 못해도 어떤 식으로든 스윙을 할 수 있겠지만 문제는 그 스윙이 좋은지 나쁜지도 모른 채 몸에 밴다는 것이다. 마찬가지로 예수님의 제자가 되는 훈련을 받지 않아도 신앙생활은 할 수 있다. 그렇지만 그것이 바람직한지 아닌지도 모른 채 습관이 될 수 있다. 누구나 잘 알겠지만 처음부터 잘 배우는 것보다 나쁜 습관을 배우지 않는 것이 더 어려운 법이다. 그래서 가끔은 이미 다 늙어 버린 개에게 새로운 훈련을 가르치는 것 같은 비생산적인 상황이 발생한다.

정말 좋은 스윙으로 경기에 임하고 싶다면 레슨 시간에 나와서 선생님의 지도를 받고 연습을 해야 한다. 성경이야말로 모든 경건 훈련의 출발점이다. 하나님께 영광 돌리는 삶의 시작도 성경이며 예수님과 동행하는 삶의 출발점 역시 성경이다. 모든 영적 성장과 성화가 바로 하나님의 말씀에서 시작된다. 더 나은 삶을 원하는 사람이 있다면, 그래서 딱 한 가지 방법만 말해 주어야 한다면, 나는 주저하지 않고 이렇게 이야기할 것이다. "성경을 읽으십시오." 두 번째 방법을 말하라면, "그룹 성경 공부를 하십시오."라고 대답할 것이다.

나는 책 쓰는 것을 참 좋아한다. 누군가 "아, 선생님 책 읽어 봤어요. 정말 좋았어요."라고 말하면 그것처럼 기분 좋은 일이 없다. 하지만 사람들은 이와 다르게 반응하기도 한다. 어떤 사람은, "아, 그 책 저도 있어요." 하기도 하고, 어떤 사람들은 "그 책 읽으려고 했는데…." 하고 말하면서 말끝을 흐리기도

한다. 그런데 그런 말들은 "아, 그 책 제가 다 읽었죠. 정말 좋던데요."라는 말과 정말 큰 차이가 난다.

언젠가 곧 당신도 성경의 저자와 만나게 될 것이다. 그분께서 만약 "내가 쓴 책 어땠지?" 하고 물으신다면, "그 책 갖고 있었어요." 아니면 "읽으려고 했는데…."라고 대답하고 싶은가, 아니면 "아, 그 책 잘 읽었지요. 그래서 제 삶이 정말 많이 변했습니다."라고 대답하고 싶은가.

하나님 아버지, 아버지의 말씀에는 큰 능력이 있습니다. 놀라운 목적과 약속도 있습니다. 그래서 우리는 아버지께서 하시는 말씀을 분명히 믿습니다. 우리가 모두 아버지의 말씀에 경청하게 하시고, 말씀으로 우리를 빚으사 앞으로 어떤 도전에도 맞설 수 있게 하옵소서. 예수님의 이름으로 기도합니다. 아멘.

Review

- 성경이 하나님의 말씀이라고 주장하는 것은 무의미한 것이 아니다.
- 수많은 학자들이 성경의 신뢰성을 연구하는 데 엄청난 시간과 자본을 투자했다. 그리고 내린 결론은 "성경은 하나님의 말씀이다."라는 것이다.
- 주머니에 넣고 다닐 수 있는 작은 성경책이나 PDA용 성경 소프트웨어를 구하라.
- 일 년 일독 성경을 구하라.
- 그룹 성경 공부를 통해 다른 성도들을 만나라.
- 하루 중 방해 받지 않는 시간을 택해서 매일 성경을 읽고 공부할 수 있도록 자기 자신과 약속하라.
- 이제껏 하나님의 말씀을 배우지 않고도 삶이 변했다는 사람을 만나 본 적이 없다.

토론 문제

1. 정말 존경하는 운동선수 한 명을 이야기해 보라. 왜 그를 존경하는가? 그가 성공하기 위해서 어떤 준비를 했다고 생각하는가? 그것이 성공적인 신앙생활과 어떻게 연관될 수 있는가? 참고, 고전 9:24-25; 딤전 4:7; 딤후 4:7-8; 히 12:1-2

2. 경건 훈련 과정에서 성경은 어떤 역할을 하는가? 참고, 수 1:6-9; 시 119:9-16; 딤후 3:15-17

3. 아래에 기록된 숫자 중 일주일에 최소한 성경을 한 장이라도 읽는 날짜 수에 동그라미를 쳐보라.

0   1   2   3   4   5   6   7

4. 성경 읽기에 투자하는 시간이 신앙생활에 어떤 도움을 주는가?

5. 성경 읽기를 좀 더 잘 하기 위해서 해야 할 것이 있다면, 그것이 무엇인지 한 가지 이상 적어 보라. 이 과에 실제적인 방법들을 소개해 두었다.

2막 3장

하나님이 속삭이신다

a man's guide to the
spiritual disciplines

3
남자,
하나님과 대화하다

Preview

기도는 독백처럼 일방통행이 아니다. 함께 나누는 대화이다.

- 기도를 '조금' 한다, 또는 기도를 '많이' 한다는 말은 무슨 뜻인가?
- 남자가 예수님을 닮기 위해서 기도가 중요한 이유는 무엇인가?
- 삶 속에서 기도를 생활화할 수 있는 비결은 무엇인가?

A MAN AND PRAYER

뉴욕에서 처가 식구들과 함께 크리스마스 휴가를 보낸 적이 있다. 방문했던 곳 중에 가장 인상적이었던 곳은 9·11 테러 현장이었다. *The Music Man* 이라는 연극도 참 인상적이었다.

연극이 끝나고 나서 아는 사람에게 부탁해서 무대 뒤로 가보았다. 거기서 나는 한 가지 중요한 사실을 깨달았다. 곧 객석에서 배우들을 바라볼 때와 실제로 배우들과 이야기할 때와는 차이가 아주 크다는 것이다.

주연을 맡았던 여배우는 《오페라의 유령》에서 크리스틴 역도 맡았었다. 사실 오래 전에 이 배우의 노래를 듣고 지금도 그 노래는 내 mp3 플레이어에 저장되어 있다. 팬이 되었다. 그런데 그 여배우를 직접 만나게 된 것이다. 솔직히 겁이 났다. 그렇지만 그 배우는 무척 따뜻하고 다정한 사람이어서 나를 편안하게 해 주었다. 오히려 나와 내 가족들에 대해서 알고 싶어 했다.

이 이야기를 하나님과 우리의 관계에 적용해 보겠다. 첫 장에서 우리는 하나님의 창조 세계를 더 깊이 살펴보면 하나님과 더 깊은 관계를 맺을 수 있다는 것을 배웠다. 하지만 사실 이것은 마치 객석에서 연극을 보는 것과 같은 것이다. 이제 하나님께서는 객석에 앉았던 우리에게 무대 뒤로 오라고 초대하신다. 왜냐하면 우리와 직접 대화하기를 원하시기 때문이다. 놀랍지 않은가. 그분과 지속적으로 대화하는 것은 정말이지 우리가 반드시 개발해야 할 유익한 습관이다.

기도란 무엇인가?

조나단 에드워즈는 "종교의 본질은 하나님과의 의식적인 교제이다."라고 말했다. 『영적 훈련과 성장』생명의말씀사, 2009에서 리처드 포스터는 "경건 훈련 중에서 기도는 가장 중심적인 훈련이다. 왜냐하면 기도는 우리를 하나님과의 지속적인 교제로 인도해 주기 때문이다."라고 말했다. 조나단 에드워즈에게 종교의 본질은 하나님과의 의식적인 교제였고, 리처드 포스터에게 기도는 하나님과의 지속적인 교제로 인도해 주는 지름길이었다.

이 책을 읽는 당신은 나름대로 기도 생활을 하고 있을 것이다. 그리고 기도가 어떤 유익을 주는지 잘 알고 있을 것이다. 하지만 실상은 어떤가? 어떤 남자 성도들은 이런 사실을 잘 알고 기도를 열심히 하지만, 또 어떤 남자 성도들은 이런 사실을 잘 알면서도 기도를 조금밖에 하지 않는다. 왜 그런가?

이 질문에 답하기 위해서는 먼저 용어부터 정의해야 한다. 나는 기도란 "구원을 하나님과의 친밀한 개인적 관계로 바꿔 주는 대화"라고 정의하고 싶다. 그래서 '조금'이라든가 '많이'라는 말은 기도의 양을 의미하지 않는다. 어떤 사람은 말을 많이 안 하면서도 많은 것을 말한다. 단순히 몇 마디로 많은 내용을 전달하는 것이다. 그래서 기도를 조금, 혹은 많이 한다는 것은 기도를 통해서 얻을 수 있는 친밀감과 교제의 정도와 관련 있다.

어떤 사람은 친밀감이라는 단어에 거부감을 느낄 수 있다. 하지만 여느 성도라면 자신이 정말 원하는 것은 하나님과 거리감 없는 가까운 관계라는 것을 인정할 것이다. 기도는 이러한 간절한 소원을 이룰 수 있게 해 준다. 사실 진짜 기도는 우리가 할말만 하는 일방통행이 아니라 함께 나누는 대화이다.

생각해 보라. 어떤 사람과 함께 점심을 먹는데 그 사람이 내 이야기는 전혀 듣지 않고 계속 자기 이야기만 한다면 얼마나 지루하겠는가. 그것은 결코 대화가 아니다. 연극의 독백과 같은 것이다. 기도를 많이 하는 사람은 쉬지 않고 하나님께 수다를 떠는 사람이 아니라, 바로 하나님과 대화를 할 줄 아는 사람을 말한다.

왜 기도해야 하는가?

대부분의 사람들은 뭔가 받기 위해서 기도한다. 하나님께 자신의 필요를 채워 달라거나 소원을 이뤄 달라고 기도한다. 하나님께서도 그렇게 기도하라고 가르치셨다. 하지만 이것이 우리 기도의 동기가 되어서는 안 된다. 아니 이것이 우리의 유일한 동기가 되어서는 안 된다. 이미 언급했듯이 기도는 하나님과의 친밀감을 개발하는 데 가장 중요한 통로이다. 우리에게는 너무도 귀중한 선물인 셈이다. 하지만 왜 그렇게 많은 남자들은 기도하기를 거부하는 것일까?

하나님께서 내가 원하는 것을 해 주시지 않으면 내 잠재 의식 속에서는 하나님께 일종의 복수를 하려는 마음이 든다. 이럴 때는 기도하고 싶지가 않다. 감정적인 면에서 전혀 그리스도인 같지 않다. 문제는 그러한 감정이 행동으로 나온다는 것이다. 즉, 하나님과의 대화를 피하는 것이다.

이러한 반응이 특이한 것은 아니다. 성경에도 이런 반응을 보인 인물이 있다. 선지자 요나도 그랬다. 하나님께서는 요나가 싫어하는 일을 명령하셨다. 심통이 난 요나는 하나님과 대화를 단절하고 멀리 도망치려고 했다. 하나님께서 가라고 하신 곳과 정반대 방향으로 가는 배를 탄 그는 풍랑을 만났고 물 속으로 던져져서 회개하고 다시 기도할 때까지 물고기 뱃속에 있어야 했다.

만약 당신이 회개하고 하나님과의 관계를 회복해야 할 상황에 있다면, 하나님께서 요나에게 사용하신 것 같은 무서운 방법을 쓰시지 않기를 바란다. 우리는 기도하지 않을 때의 위험성이 무엇인지 분명하게 알아야 한다. 기도하지 않으면 우리가 원하는 것을 얻지 못할 뿐 아니라, 우리가 원치 않는 것을 얻게 된다. 요나를 보라.

당신도 하나님과 대화의 문이 닫혔다고 생각되는가? 그렇다면 하나님께 가서 그냥 솔직하게, "하나님, 저 정말 이번 일 때문에 하나님한테 화가 나요." 하고 말해 보라. 아니면 마음이 상했다든지, 실망했다든지, 짜증이 났다든지, 무섭다든지, 당황스럽고 확신이 들지 않는다든지, 당신의 감정이 무엇이든지 하나님께 솔직히 말해 보라. 기도에서 솔직하게 대화하는 것은 다른 어떤 방법보다 훨씬 더 유익하다.

기도에 헌신하는 삶

나는 회심한 날부터 하나님과 좀 더 친밀한 관계를 만들고 싶었다. 물론 그것은 기도를 통해서 이뤄질 수 있다는 것을 알고 있었기 때문에 기도를 많이 하는 사람들을 연구하는 데 상당한 시간을 투자했다. 성경책과 신앙 서적, 주변 사람들을 통해 그런 사람들의 세 가지 공통점을 발견했다. 첫째, '기도 학교'에서 오랜 시간을 보낸다. 둘째, 기도는 그들이 가장 강력하고 유용하게 시간을 보내는 수단이다. 셋째, 기도는 그들의 가장 대표적인 특징이다. 이 세 가지를 좀 더 자세히 살펴보겠다.

1. 기도 학교에서의 시간

누가복음 11장 1절에 보면 제자들이 예수님께, "주님, 우리들에게 기도를 가르쳐 주소서."라고 요청하는 장면이 나온다. 기도의 언어가 있기 때문이다. 예수님의 기도를 공부해서 그분이 기도했던 것처럼 똑같이 해도 좋다. 기도 생활을 잘 하고 있는 다른 남자 성도들이 있다면 그들에게 배우라. 훌륭한 기도의 삶을 보여 준 성자들에 관한 책도 읽어 보라. 그 중에서도 1885년 앤드류 머리가 지은 『그리스도의 기도 학교』크리스챤다이제스트, 2003는 꼭 읽어 보라. 책을 읽으면서 예수님의 가르침뿐만 아니라, 그의 마음의 태도를 주의 깊게 보기 바란다.

나는 현재 호숫가 근처에 살고 있다. 노를 저으면서 보트를 탈 수 있는 호숫가이다. 내 보트는 길이가 약 7.6미터의 전장범선이지만 무게는 겨우 19킬로그램밖에 나가지 않는다. 나는 이 배를 산 해에 두 가지 교훈을 얻었다.

어느 날 한 이웃 사람이 내게 말했다. "선생님은 노를 젓고 있을 때 가장 평안해 보입니다. 아주 차분해 보여요." 그렇지만 사실은 어떤지 아는가? 이 7.6미터짜리 이쑤시개는 굉장히 뒤집어지기 쉬운 배이다. 균형을 잡기가 몹시 어려워서, 언제나 나를 물속으로 집어 던지려고 호시탐탐 기회만 노리는 것만 같다. "저는 그렇지 않아요. 살기 위해서 낭떠러지에 대롱대롱 간신히 매달려 있는 그런 느낌입니다." 배를 사고 나서 아무 것도 배우지 않았기 때문에 그렇게 느끼는 것이다. 연습한다고 항상 나아지는 것은 아니다. 노 젓는 법에 대해서 뭔가를 새롭게 배우지 않는 한 발전은 없을 것이다. 나는 지난 수 년 동안 물고기처럼 계속 한 자리에서 빙빙 돌기만 하면서 간신히 노 젓기만 해 왔다.

기도도 마찬가지다. 물론 말을 많이 하면서 기도할 수 있다. 하지만 그렇다고 무조건 기도를 잘 한다고 볼 수는 없다. 기도 생활이 더 나아지려면 기도의 학교에 가서 예수님과 함께 앉아야 한다. 즉, 예수님과 대화하는 방법을 배우기 위해서는 말씀을 공부해야 한다. 예를 하나 들겠다. 아침에 성전으로 가는 길에 예수님과 제자들이 열매가 열리지 않은 무화과나무를 지나가게 되었다. 예수님은 그 나무를 저주했고, 다음날 아침, 그 나무는 뿌리 채 말라 있었다. 베드로가 이것을 보고 이야기를 꺼내자 예수님은 다음과 같이 말씀하셨다.

"예수께서 그들에게 대답하여 이르시되 하나님을 믿으라 내가 진실로 너희에게 이르노니 누구든지 이 산더러 들리어 바다에 던져지라 하며 그 말하는 것이 이루어질 줄 믿고 마음에 의심하지 아니하면 그대로 되리라 그러므로 내가 너희에게 말하노니 무엇이든지 기도하고 구하는 것은 받은 줄로 믿으라 그리하면 너희에게 그대로 되리라 서서 기도할 때에 아무에게나 혐의가 있거든 용서하라 그리하여야 하늘에 계신 너희 아버지께서도 너희 허물을 사하여 주시리라 하시니라" 막 11:22-26.

이 말씀을 보면 정말 기도하고 싶어진다. 하지만 기도하고 나서도 응답을 받지 못한 경우가 얼마나 많은가. 왜 그럴까?

위에서 주님께서 하신 말씀과 야고보서 4장 3절을 함께 살펴보라. "구하여도 받지 못함은 정욕으로 쓰려고 잘못 구하기 때문이라."

우리는 이렇게 야고보서 4장 3절과 마가복음 11장 사이에서 평생 치열한 전쟁을 치러야 한다. 이 두 말씀은 육신에서 시작된 기도와 하나님과의 관계에서 출발한 기도 사이에 어떤 차이가 있는지 잘 나타내 준다. 이 두 구절을 잘 생각해 보면 기도에 대한 여러 오해를 풀 수 있다. 이러한 것들이 바로 주님과 함께하는 기도 학교에서 배울 수 있는 내용이다.

2. 효율적인 시간 활용으로서의 기도

그럼 이제 가장 강력하고 효과적인 시간 활용 방법으로 쓰이는 기도에 대해서 알아보겠다. 물질의 세계에서는 지식이 운동을 일으키기 때문에 노동보다 훨씬 더 강력하다. 일단 발생한 에너지는 그냥 갇혀 있을 수가 없기 때문이다. 기도 역시 노동보다 더 강력하다. 왜냐하면 기도 역시 그냥 갇혀 있을 수 없는 어떤 힘을 발산하기 때문이다.

마르틴 루터는 이런 유명한 말을 남겼다. "오늘 할일이 너무 많아서, 그 일을 다 마치려면 기도를 세 시간은 해야 한다." 그렇다면 기도가 가장 강력한 시간 투자라는 사실을 왜 인정하기가 힘들까? 대답은 간단하다. 기도는 아무 소용없는 것처럼 보이기 때문이다. 기도할 때마다 항상 응답을 받는 것이 아니기 때문이다.

어떤 일을 하면 결과가 생긴다. 방정식을 세워 보면 다음과 같다.

노력 + 일노동 **= 목표 달성**

표면적으로는 인간의 노력이 기도보다 더 생산적인 것처럼 보인다. 많은 사람들에게 기도는 여전히 영적이고 신비롭게만 보인다. 그래서 잘 이해가 안 되는 것이다. 기도의 응답을 받지 못하는 위험을 감수하기가 싫은 것이다. 그래서 우리는 조금 기도하고 많이 일한다.

여름에는 대개 헌금이 줄기 때문에 사역 현장에 있는 사람들에게는 재정적으로 아주 어려운 계절이다. 현재 내가 하고 있는 '거울 속의 남자' Man in the Mirror 사역도 마찬가지고, 차기 사역의 사정도 별반 다르지 않다.

재정적으로 아주 빠듯한 여름을 보낸 적이 있다. 그 때 기도하면서 두 말씀이 생각났다. 빌립보서 4장 19절에 "나의 하나님이 그리스도 예수 안에서 영광 가운데 그 풍성한 대로 너희 모든 쓸 것을 채우시리라."고 기록되어 있다. 그리고 마태복음 6장 31-32절에서 예수님은, "그러므로 염려하여 이르기를 무엇을 먹을까 무엇을 마실까 무엇을 입을까 하지 말라 이는 다 이방인들이 구하는 것이라 너희 하늘 아버지께서 이 모든 것이 너희에게 있어야 할 줄을 아시느니라."고 말씀하셨다. 이 말은 우리가 먼저 하나님의 나라를 구하고, 염려하지 말아야 한다는 뜻이다.

하지만 실제로는 이 말씀대로 살기가 참 힘들다. 나는 약 서른 명의 직원들과 동역하고 있는데, 다들 대출금 상환도 해야 하고 월세나 임대료, 자동차 할부금까지 갚아야 하는데다 주식비, 부식비, 의료보험료, 자동차 유지비까지 모두 월급에 의존하고 있다. 그런데 그 해 여름에 잔고가 완전히 바닥났다. 회의를 마치고 집에 와서 일기장에 이렇게 썼다. "하나님, 정말 실망입니다. 하나님은 저를 실망시키는 분이 아닌 것을 믿지만, 솔직히 지금은 그렇게 생각하지 않습니다."

물론 당신은 하나님께서 그 때 우리의 필요를 채워 주셨으리라 생각할 것이다. 맞다. 하나님은 우리의 필요를 채워 주셨다. 하지만 때로는 상황이 우리가 기대하는 것과는 다른 방향으로 갈 때가 있다. 그 때 기도야말로 가장 강력하고 효과적인 시간 사용법이다. 파스칼은 "하나님은 우리 피조물들에게 인과관계의 엄숙함을 부여하기 위해서 기도를 만드셨다."고 말했다. 또한 C. S. 루이스는 이렇게 말했다.

우리가 어떤 사건을 만들 수 있도록 허락 받은 두 가지 방법이 있다면, 그것은 바로 일과 기도이다. … 일이 만들어 내는 인과관계는 하나님께서 보장해 주신 것이기 때문에 잔인한 면도 있다. 일을 함으로써 오히려 우리는 우리 자신에게 해를 끼칠 수도 있다. 하지만 기도에 의한 인과관계는 그렇지 않다. 그래서 하나님께서는 자유재량권을 가지고 계시다. 만약 그렇지 않다면 기도는 오히려 인간에게 매우 위험한 것이 되었을 것이다. … 그래서 하나님께서는 기도 응답에 대해 자유재량권을 갖게 되신 것이다. 단 기도가 우리의 삶을 파괴할 때를 제외하고는 말이다.[7]

기도는 일보다 훨씬 더 강력한 것이기 때문에 하나님께서는 한계를 정하셨다. 만약 그렇게 하지 않으면 우리가 우리 자신을 파괴할 수도 있기 때문이다. C. S. 루이스의 예화를 보자.

교장 선생님이 다음과 같이 이야기한다고 해도 그것은 비합리적인 것이 아니다. "이것은 학교가 정한 원칙에 따라서 처리하면 됩니다. 하지만 저런 것은 그런 일반 원칙을 적용하기에는 너무 위험합니다. 만약에 그걸 하려면 제게 와서 요청을 하시고 저와 함께 의논한 후에 하셔야 합니다."[8]

우리가 기도하기도 전에 하나님께서는 이미 우리에게 필요한 것이 무엇인지 알고 계시다는 사실을 믿는가? 성경이 그렇다고 이야기하고 있다. 하나님께서는 그분의 부요하심을 따라 우리에게 필요한 모든 것을 공급해 주신다. 우리의 기도에 분명히 응답해 주신다. 때로는 예스Yes로 때로는 노No로 말이다.

따라서 기도는 분명 가장 강력하고 효과적인 시간 사용법이다. 한 젊은 사업가가 내게 이렇게 말했다. "저는 정말로 기도하거나 성경 공부할 시간이 없습니다. 애들도 어리고, 직장 경력도 더 쌓아야 하고 교회에서 봉사도 많이 하고 있습니다." 당신도 그런가? 그렇다면 삶의 우선순위를 다시 정해 보라.

예전에 나도 그 젊은 사업가와 같은 생각을 한 적이 있다. 그때 나는 경영학의 대가인 피터 드러커 박사의 말대로 해 보았다. 빈 종이에 내가 실제로 시간을 어떻게 쓰고 있는지 적어 보았다. 드러커는 사람들 모두 그 결과에 대해서 무언가를 기대하지만 예외 없이 모든 사람들이 예상치 못한 결과 때문에 깜짝 놀랐다고 했다. 나는 내가 두세 시간 동안이나 텔레비전을 시청한다는 사실을 발견했다. 그래서 텔레비전을 안 보고 일찍 잠자리에 들어서 다음 날 두세 시간 일찍 일어났다. 사람들은 가끔 내가 새벽 네 시에 일어나는 것을 보고 미쳤다고 생각한다. 하지만 괜찮다. 하나님과 만나는 개인 교제의 시간이기 때문이다.

당신도 그렇게 하고 싶다면, 분명 방법이 있을 것이다. 예수님과 좀 더 친밀한 관계를 원한다면, 원하는 대로 될 것이다. 하지만 대화를 통해야 그러한 친밀한 관계를 형성할 수 있다.

3. 기도는 최우선 순위

기도가 당신의 특징이 되게 하라. 사무엘상 14장에 이스라엘과 블레셋 군대의 전투 이야기가 기록되어 있다. 당시 이스라엘 왕은 사울이었고 이스라엘 군대는 적군을 섬멸하고 있었다. 36절에, "사울이 이르되 우리가 밤에 블레셋 사람들을 추격하여 동틀 때까지 그들 중에서 탈취하고 한 사람도 남기지 말자."고 했다. 그러자 부하들은 그의 말에 동의하였다. 하지만 제사장은 하나님께 여쭤 봐야 한다며 "하나님께로 나아가사이다"라고 말했다.

이것은 결국 사울이 왜 죽음에 이르렀는가를 잘 나타내 주는 이야기다. 그는 기도를 그의 첫 번째 우선 순위로 여긴 적이 없다. 기도는 습관이 되어야, 즉 어떤 상황 속에서도 먼저 기도해야겠다는 즉각적인 반응이 나올 때에야 비로소 기도하는 삶이 뿌리를 내렸다고 할 수 있다. 사울 왕은 계속 이런 식으로 전쟁에 임하여 패배를 경험하였다. 그리고 결국 다윗이 사울 왕을 대신하게 되었다. 다윗은 언제든지 먼저 하나님의 지혜와 인도를 구했다. 기도를 많이 하는 사람은 이러한 태도를 지속적으로 보여 준다. 기도가 습관이 되고 최우선순위가 되는 것이다. 그러면 기도는 그의 삶이 된다.

기도 훈련법

1. 기도 시간을 포함한 묵상 시간을 개발하라

말씀을 읽고 묵상하는 시간에는 기도 시간이 포함되어야 한다. 그리고 묵상 시간이 형식적으로 이뤄지는 것 같을 때는 뭔가 변화를 줘야 한다. 많은 기도 사역자들은 지난 몇 년 동안 기도 생활을 발전시킬 수 있는 방법과 시스템을 개발해 왔다. 모든 방법들이 다 나름대로 장점이 있기 때문에 각자 개인에게 알맞은 것을 선택하는 것이 좋다.

나는 수년 동안 줄곧 주기도문을 사용해 왔다. "하늘에 계신 우리 아버지여…"마 6:9. 한 단락씩 끊어서 생각해 보고, 특별히 하나님께서 마음 속에 떠오르게 하는 것이 있으면 그것에 대해서 기도했다. 세 가지 예를 들어보면 다음과 같다.

- "오늘날 우리에게 일용할 양식을 주옵시고" – 가족과 친구,

동역자들의 필요를 위해서 기도한다.

- "우리가 우리에게 죄 지은 자를 사하여 준 것같이 우리의 죄를 사하여 주옵시고" – 회개해야 할 것이 있는지 돌아보고 나에게 상처 준 자나 화나게 만든 사람들을 용서한다.
- "우리를 시험에 들게 하지 마옵시고 다만 악에서 구하옵소서" – 유혹 받을 수 있는 영역에서 보호 받을 수 있도록 간구한다.

이와 같이 주기도문을 이용해서 기도하는 것이 좋은 사람이 있고, 아래의 ACTS 방법이 더 효과적인 사람이 있다.

A Adoration – 찬양: 하나님의 거룩하심과 권능, 주권, 아름다우심, 자비, 긍휼, 선하심을 찬양한다.

C Confession – 고백: 죄를 고백하고 하나님께 용서를 구한다. 그렇게 해서 하나님께 고백해야 할 내용들을 하나씩 줄여 간다.

T Thanksgiving – 감사: 하나님께서 베풀어 주신 복과 은혜에 감사한다. 특별히 우리가 당연하게 여기는 것들, 즉 의식주 영위와 건강, 가족에 대해 감사한다.

S Supplication – 간구: 하나님께 간구하지 못할 것은 없다. 하나님께 기도하지 못할 정도로 큰일이나 사소한 것은 없다.

네비게이토의 전 대표였던 론 새니Lorne Sanny는 어제의 일을 통해서 뒤로 기도하고 오늘의 일을 통해 앞으로 기도하라고 제안한 적이 있다. 즉, 뒤로 기도하면 감사와 고백을 하고 앞으로 기도하면 간구를 하게 된다는 것이다.

기도 제목을 적어서 목록으로 만드는 것도 좋은 방법이다. 나도 자녀들을 위한 기도 제목을 적어 놓고 그 목록을 보면서 기도했다.[9] 기도 일기를 작성하는 것도 좋은 생각이다. 특별한 원칙은 없다. 단지 기도란 하나님의 구원을 우리 주 예수 그리스도와의 친밀한 관계와 교제로 바꿔 주는 대화라는 사실만 기억하면 된다.

2. 모든 것에 대해 기도하기

성경은 우리가 모든 것에 대해서 기도해야 한다는 것을 분명하게 말씀하고 있다. 사실 개인의 경건 시간은 너무 바쁜 사람들을 위해서 만든 편의 시설과 같다. 성경은 쉬지 말고 기도하고 하나님의 말씀을 주야로 묵상하라고 가르친다 살전 5:18; 시 1:2. 사도 바울은 에베소서에서, 하나님의 전신갑주를 입은 사람에게도 여전히 기도가 필요하다고 말씀하면서, "모든 기도와 간구를 하되"NIV 영어 성경에는 "on all occasions with all kinds of prayers and requests"로 되어 있으며, 이를 직역하면 "모든 경우에 모든 기도와 간구를 하되"라는 뜻이 된다.-역주 라고 말씀한다.

3. 믿을 수 있는 파트너와 함께 정기적으로 기도하기

기혼자라면 아내와 함께 매일 기도해 보라. 물론 결혼 생활과 기도가 어떤 관계가 있는지는 논란이 많지만, 남침례교 가정 위원회 회장인 톰 엘리프는 정기적인 교회 출석과 상담이 기도와 병행되면 기도가 결혼 생활에 큰 유익을 준다고 말했다. "우리가 발견한 것은 다음과 같습니다. 거듭난 성도들의 경우 부부가 교회에서 … 결혼 예비 과정을 마친 후에 … 정기적으로 교회에 출석하면서 매일 함께 기도했을 때 3만 9,000커플 중 이혼한 부부는 한 커플이었습니다."[10]

통계 수치를 차치하고라도 아내와 함께 기도한다는 것은 당신과 하나님, 그리고 당신과 아내와의 관계가 얼마나 깊은지 상징적으로 나타내 준다. 숀이 자기가 속한 남성 그룹 멤버들에게, "여러분 중에 아내와 함께 기도하는 분이 계십니까?" 하고 물었더니 여덟 명 중 겨우 한 명만이 그렇다고 대답했다. 그리고 한 해 동안 모두 이 문제를 위해 노력했다. 멤버 중 한 사람은 이렇게 말했다. "아내와 다투거나 화를 내고 나서 하나님 앞에 아무 거리낌 없이 나간다는 것이 정말 어려웠습니다. 그래서 함께 기도하거나 친밀함을 나누는 일을 하기 전에 어쩔 수 없이 서로가 겸손하게 대화할 수밖에 없었습니다. 그리고 이러한 기도 생활은 가족 전체에, 그리고 하루 종일 저에게 영향을 미쳤습니다."

아내와 함께 기도할 수 있는 방법으로는 출근하기 전 매일 2-3분 정도 아내와 함께 찬양과 감사의 기도를 하고, 하나님의 간섭하심을 간구하고, 다른 사람들을 위한 중보 기도를 하는 것이 있다. 미혼자라면, 혹은 기혼자라도 아내와 기도하는 것이 힘들다면 다른 기도의 동역자를 찾으라. 내가 알고 지내는 많은 남자 성도들은 이미 기도의 동역자와 기도 생활을 함께 하고 있다. 어떤 사람들은 시간을 따로 정해 놓고 만나기도 하고, 또 어떤 사람들은 특별한 기도 제목이 있을 때만 연락을 하기도 한다. 하지만 결혼한 남자 성도는 절대 아내 외의 다른 여성을 기도의 동역자로 삼아서는 안 된다. 미혼 남자 성도는 결혼한 여성을 기도의 동역자로 삼아서도 안 된다.

기도 훈련 방법

- 매일 시간을 내서 하나님 앞에 마음을 쏟아 부어라. 그리고 성령님께서 무슨 말씀을 하시는지 잘 들어 보라.

- 다음 장에 나오는 토론 문제의 1번 질문에 나오는 성경 구절들을 찾아보고 기도가 가장 간절한 마음의 소원이 되도록 간구하라.
- 날짜를 정해서 그 날은 여러 상황에 대한 자신의 감정적 반응 교만, 두려움, 분노, 공포감, 슬픔, 자신감, 겸손 등에 초점을 맞춰 보라. 그리고 자문해 보라. "이러한 감정이 나 자신에 대해서 무엇을 나타내고 있는가?" 강건함을 간구하고 그분께 모든 것을 내어 맡기라.

하나님 아버지, 기도 훈련은 많은 신앙 선배들에게 가장 중요한 일이었습니다. 우리도 기도를 삶의 가장 중요한 일로 삼게 해 주옵소서. 그리고 기도가 아버지와 주고받는 대화라는 것을 깨닫게 해 주시고, 이 대화로 말미암아 제 구원이 주님과 친밀한 관계로 변화될 수 있도록 인도해 주옵소서. 하나님 아버지, 제가 기도 학교에 들어와 주님 앞에 계속 머물러 있기를 원합니다. 그리고 기도가 가장 강력하고 효과적인 시간 투자인 것을 확신케 해 주옵소서. 또한 우리가 서로 도와 기도의 삶이 가장 우선적으로 세워지게 해 주시고, 기쁘거나 슬프거나 그 어떤 상황을 만나도 기도가 제 첫 반응이 되게 하옵소서. 주님과 먼저 대화하게 하옵소서. 예수님의 이름으로 기도합니다. 아멘.

Review

- 기도하지 않으면 우리가 원하는 것을 얻지 못할 뿐만 아니라 우리가 원치 않는 것도 얻게 된다.

- 기도를 많이 하는 사람들에게는 세 가지 공통점이 있다. (1) 기도 학교에서 오랜 시간을 보낸다. (2) 기도는 그들에게 가장 강력하고 유용하게 시간을 보내는 수단이다. (3) 기도는 그들의 가장 대표적인 특징이다.

- 하지만 때로 상황이 우리가 기대하는 것과는 다른 방향으로 흘러갈 때가 있다. 그 때는 기도야말로 가장 강력하고 효과적인 시간 사용법이다.

- 규칙적으로 기도하기를 원한다면, 분명히 그렇게 할 수 있는 방법이 있다.

- 기도란 하나님의 구원을 우리 주 예수 그리스도와의 친밀한 관계와 교제로 바꿔 주는 대화이다.

토론 문제

1. 다음 성경 구절을 찾아서 기도에 관해서 이야기하는 것을 적어 보라.

   - 마태복음 6장 5-15절, 25-34절
   - 마가복음 11장 20-26절
   - 누가복음 11장 1-13절
   - 요한복음 14장 1-14절

2. 위의 말씀을 읽고 깊이 깨달은 사실을 한 가지 기록하고, 기도 생활에 적용할 수 있는 구체적인 방법을 세워 보라.

3. 기도하는 사람의 세 가지 특징은 무엇인가?

4. 기도하는 사람의 특징에 비추어 봤을 때, 나는 기도의 사람이라고 말할 수 있는가? 왜 그런가?

5. 4번 질문에 아니라고 대답했다면, 기도의 사람으로 변화하고 싶은 마음이 있는가? 그렇다면 기도 훈련을 위해서 구체적으로 어떤 단계를 밟아 나가야 하겠는가?

4
남자,
하나님과 교제하다

Preview

예배란 무엇인가? 우리는 하나님 외에 수많은 것들을 예배할 수는 있지만 그 어떤 것에서도 진정한 만족감을 얻지 못한다.

- 남자들은 유혹을 어떻게 대하는가?
- 예배를 통해서 힘을 얻고 만족감을 누리려면 어떻게 해야 하는가?
- 예배가 다른 어떤 것보다 더 중요한 이유는 무엇인가?

A MAN AND WORSHIP

포뮬러 원Formula One은 세계 최고의 자동차 경주이다. 페라리 자동차는 포뮬러 원 경주를 위해 매년 약 40억 원을 투자한다. 페라리의 전 레이서 마이클 슈마허는 자동차 경주 역사상 가장 성공한 선수로, 지금까지 세계에서 가장 높은 연봉을 받은 운동선수로 기록되어 있다. 수년 전 슈마허는 세계 최고 수준의 선수들 스물한 명과 경쟁한 세계 자동차 경주에서 75퍼센트의 우승률을 기록했다.

나는 포뮬러 원의 팬이다. 누구든지 이런 것에 관심을 갖게 되면 거기에 더 깊이 빠져들게 된다. 어느 날 집에서 일하던 한 인부가 자기 집에 포뮬러 원 비디오 게임이 있다고 말했다. 그래서 직접 확인해 보려고 상점으로 향했다.

그리고 얼마 후 내 자동차 트렁크 안에 비디오 게임이 왜 그렇게 많이 들어 있는지 아내에게 설명해야 했다. "여보, 내가 사역도 하고 책도 쓰기 때문에 요즘 문화를 잘 알아야 하잖아." 그러나 사실 나는 스피드와 경쟁, 이 두 가지를 좋아했던 것이다.

플레이 스테이션 2의 'F1 2002' 게임을 하기 위해 슈마허의 차를 선택했다. 순간 나는 경주로 위에 올라 시속 약 290킬로미터의 속도로 달리기 시작했다. 온 세상이 다 사라져 버렸다. 다른 것에 신경 쓰지 않고 오직 경주에만 집중했다. 내가 바로 선두였다. 그런데 갑자기 아내가 문을 열고, "아들한테 전화 왔어요. 받으세요." 하고 외쳤다.

시속 290킬로미터로 달리는 포뮬러 원 경주에서 한번 운전 리듬이 끊어지면 다시 달리기가 얼마나 힘든지 모른다. 아내의 말을 듣고 아차 하는 순간에 차가 빙글빙글 돌기 시작하더니 비스듬히 기울어져 가드레일을 들이 받고 그만 멈춰 버렸다. 그래도 아들이 먼저인 걸 어떻게 하겠는가.

예배란 무엇인가?

예배하는 사람은 하나님과의 만남에 내가 비디오 게임에 완전히 몰입했던 것처럼 몰입하는 사람을 말한다. 예배는 예배에 집중하지 못하게 하는 모든 것들을 단 한순간도 허락하지 않는다. 하나님과의 만남에 온전히 집중하는 것이다. 하지만 예배는 일주일 내내, 24시간 내내 지속적으로 이뤄지는 것이기도 하다. 예를 들면, 직장에서 일하는 것 역시 예배의 한 행위이다. 나중에 다시 설명하겠다.

히브리어로 예배는 "절하다, 엎드리다."라는 뜻이다. 헬라어로는 "개가 주인의 손을 핥듯이 키스하다."라는 뜻이다.

현대의 청교도라고 할 수 있는 제임스 패커James Packer는 그의 저서 *A Quest for Godliness*에서 "예배란 무엇인가? 예배는 본질적으로 하나님의 영광을 찬양하는 것이다. 곧 모든 영광과 찬양과 존귀를 하나님께 돌리는 것이다. 넓은 의미로 볼 때 모든 경건이 곧 예배인 것이다. 경건함 그것이 곧 예배이다."[11]라고 썼다. 웹스터 사전에서는 예배를 "경외의 대상에게 드리는 최상의 존경과 경배 또는 헌신"이라고 정의하고 있다. 그래서 그리스도인들은 이러한 헌신을 하나님께 드리는 것이다. 패커는, "모든 예배는 하나님과의 직접적 만남을 뜻한다. 즉 공적이든 개인적이든 기원과 경배, 묵상, 믿음, 찬양, 기도 그리고 말씀의 가르침을 받는 것 모두가 예배인 것이다."[12]라고 썼다.

하나님을 예배하기

그리스도인이면서도 하나님이 아닌 다른 것들이나 사람을 예배할 수 있다. 대각성 운동을 주도했던 조나단 에드워즈 목사는, 인간은 그것이 오락이든 사람이든 아니면 어떤 우상이든, 항상 무언가를 예배한다고 말했다.

성경 역시 그러한 인간의 성향에 대해서 말하면서, 하나님이 아닌 다른 사물이나 사람을 예배하는 것이 얼마나 헛된 것인지 분명히 경고하고 있다. 십계명의 제 1계명이 바로, "너는 나 이외에 다른 신들을 네게 두지 말라."이다 출 20:3. 숭배의 목적으로 어떤 형상을 만드는 것은 금지되었다. 하나님은 오직 하나님 한 분에게만 드리는 예배를 원하신다.

예수님은 사마리아 여인과 대화하는 가운데, "아버지께 참되게 예배하는 자들은 영과 진리로 예배할 때가 오나니 곧 이때라 아버지께서는 자기에게 이렇게 예배하는 자들을 찾으시느니라 하나님은 영이시니 예배하는 자가 영과 진리로 예배할지니라." 요 4:23-24고 말씀하셨다. 하나님은 그분의 제자들이 예배자가 되기를 원하셨다. 따라서 예배가 다른 경건 훈련과 어떤 차이점이 있는지 잘 알아 둘 필요가 있다. 우리는 예배할 때 자신이 창조주 앞에 선 피조물임을 인식하면서 거룩하신 하나님 아버지 앞에 나아와 그분과 만나게 된다. 그리고 그러한 경험을 통해서 하나님을 높이고 경외하며 찬양하게 된다. 또한 이러한 경건 훈련 속에서 거룩하신 하나님 앞에 엎드려 절하게 된다.

내게 예배는 시속 290킬로미터로 달리는 것과 같은 것이다. 주위에 있는 것들은 안중에 없다. 성부, 성자, 성령 삼위일체의 하나님께만 완전히 몰입한다.

우리 예배는 하나님과의 관계에 영향을 미칠 뿐만 아니라 동시에 다른 것들과의 관계에도 영향을 미친다. 선지자 이사야를 보라. 이사야 6장에 보면 그는 성전에서 예배하고 있었다. 예배할 때 그는 하나님을 보았다. 하나님의 얼굴을 대면하여 보았고, 그 순간 자기가 어떤 존재인지 깨달았다. 즉, 오직 하나님으로부터만 죄 씻음을 받을 수 있는 연약한 자신을 본 것이다. 그래서 그는 회개했고 정결함을 입은 후, 그의 삶은 목적이 분명해졌다. 예배를 통해 우리도 이러한 사실을 분명하게 깨달을 수 있다.

왜 예배해야 하는가?

*Generation X*라는 책을 써서 'X세대'라는 말을 유행시킨 더

글러스 커플런드Doug Coupland는 『신을 찾아가는 아이들』문학동네, 1996이라는 책의 저자이기도 하다. 방황distraction, 오락, 유흥, 여가, 여유, 발산 등에 대한 마르지 않는 갈증이 서구 세계의 신세대를 대표하는 커플런드 같은 사람에게서 그 절정을 이루었다. 그의 책을 보면 이런 내용이 있다.

당신은 종교 없이 자라난 첫 세대이다. 종교나 아무런 믿음이 없이 자라면 어떻게 되겠는가? 나이를 먹으면서 우리는 점점 세상의 아름다움과 매력에 빠져들고 있다. 우리 모두 강력한 종교적 충동을 소유한 생명체이지만, 쇼핑몰과 텔레비전, 인스턴트 요리, 초광속의 세계에서 이러한 충동은 다 어디로 흘러갈 것인가? 외로움은 어떻게 다룰 것인가? 불안과 관계의 충돌은 또 어떻게 다룰 것인가? 삶에서 어떻게 고요함과 안전함을 찾을 수 있을 것인가?

커플런드는 그의 책에서 많은 것들을 이야기하지만 마지막 페이지에서 다음과 같은 결론을 내린다.

여기 나의 비밀이 있다. 또 언제 갖게 될지 모르는 열린 마음으로 말하겠다. 지금부터 내가 하는 말을 들으려면 조용한 방에서 먼저 기도하기 바란다. 그 비밀이란 나에게 하나님이 필요하다는 사실이다. 나는 병들었고 이젠 더 이상 혼자이고 싶지 않다. 나는 뭔가 베풀 수 있는 사람이 아니기에 베푸는 사람이 되기 위해서는 하나님이 필요하다. 나는 친절한 사람이 아니기에 친절한 사람이 되기 위해서는 하나님이 필요하다. 나는 사랑을 할 수 있는 사람이 아니기에 사랑할 수 있는 사람이 되기 위해서는 하나님이 필요하다.[13]

우리는 지금 온갖 종류의 유흥거리가 만연한 세상에 살고 있다. 솔직히 말해서 유흥은 재미있는 것이고 대부분 악하지 않다. 가끔씩 유흥으로 여유를 찾을 필요가 있다. 하지만 우리 영혼에는 단순히 이러한 오락적인 것으로만 채워지지 않는 더 깊은 갈급함이 있다. 유흥을 즐기면 갈급함이 생길 수 있지만 사실 우리가 무엇을 혹은 누구를 갈급해 하는지 항상 알 수 있는 것은 아니다. 커플런드는 그 갈급함이 바로 하나님을 향한 것이었음을 발견했다. 나는 커플런드에게 편지와 책을 한 권 보내주었다. 얼마 후 그가 직접 전화를 해서 의미 있는 대화를 나누었다. 내 생각이 옳다면 그는 예수님을 영접하고 거듭난 그리스도인이 되었다.

커플런드의 글에서 우리는 두 가지 그림을 그려 볼 수 있다.

첫 번째 그림은 한 사람이 램프를 들고 우주 어딘가 꼭꼭 숨어 있는 하나님을 찾고 있는 것이다. 두 번째 그림은 하나님께서 그분의 사자들_{선지자나 설교자들}을 보내시지만 사람들이 즐겁게 먹고 떠들면서 듣지 않는 그림이다.

그렇다면 성경은 어떻게 말씀하고 있는가? 예수님께서 사마리아 여인과 대화한 내용을 기억하는가? 하나님은 예배자를 찾고 있다고 말씀하셨다. 따라서 하나님과 인간이 서로 만나지 못한다면 그것은 하나님이 숨어 있기 때문이 아니다. 바로 우리가 숨어 있기 때문이다. 우리는 하나님을 예배해야 한다. 숨어 있지 말고 예배하며 하나님께 나아가 그분을 만나야 한다.

세 부류의 남자

우리가 고통 속에 있는지, 공허감 속에 있는지, 아니면 행복한 남자인지에 따라서 하나님께 대한 반응이 달라질 것이다.

고통 속의 남자

찰스는 고통 속에 사는 남자이다. 이런 사람은 악한 생각에 사로잡혀 자기가 하고 싶은 것을 하고 있을 뿐이라고 말할 수도 있다. 아니면 자기가 저지른 죄의 결과로 고통당하고 있는 사람일 수도 있다. 어쨌든 그는 하나님이 자신의 마음을 채워 주시고 어떤 만족감을 주시리라고 생각하지 않는다. 그래서 여자를 찾아 나섰다. 성性을 우상화했다. 아내와는 이미 20여 년 전부터 소원한 관계였기 때문에 잘못이라고 생각하지 않았다. 사실 아내와의 관계 속에 따뜻한 정이라고는 조금도 남아 있지 않았다. 지난 20년 동안 함께 산 아내는 아무것도 베풀어 주지 않았다. 그는 정서적으로 매우 굶주려 있었다. 그래서 다른 여자와의 관계를 통해서 만족감을 찾고자 했다.

그러나 주의 은혜로 하나님이 찰스의 우상을 제거하고자 하신다. 찰스는 여전히 고통 속에 있다. 물론 고통의 이유는 달라졌다. 잃었던 생명을 찾았고 정결함을 입어 경건의 훈련을 받고 있는 지금, 그에게 가장 절실히 필요한 것은 무엇이겠는가?

공허감 속의 남자

딜런은 인생이란 아무런 목적도 의미도 없는 것이라고 생각했다. 그의 상황은 찰스와는 상당히 달랐다. 찰스의 인생은 불행했다. 하지만 딜런의 삶은 그러저럭 괜찮았다. 그러나 그래서 그게 무슨 소용이겠는가. 모든 것이 다 순탄했지만 아무 소용이 없었다. 행복하게 살 수도 있었지만 그는 그렇지 않았다.

딜런에게 인생이란 어떤 잔인한 조정자가 만들어 낸 일종의 고약한 장난 같은 것이었다. 의심의 안개 때문에 그에게는 기쁨이 없었다. 딜런은 참된 의미를 찾기 위해 노력하기보다 인생을 즐기는 쪽을 선택했다. 이런 사람의 신앙생활은 겉으로 보기에는 그럴싸하다. 여전히 주일성수를 하고 기도도 하고 성경도 읽는다. 하지만 그 중심에는 텅 빈 인간이 있다. 딜런은 이렇게 말한다. "내가 정말 이걸 다 믿는지 모르겠어."

행복한 남자

조시는 만족스럽게 보인다. 직장에서도 인정받고, 결혼생활도 문제 없고 하나님과의 관계도 정말 좋다. 모든 남자들에게 필요한 이 세 가지 영역에서 다 만족을 누리고 있다. 그에게는 (1) 모든 것을 다 쏟아 부을 만한 일이 있고, (2) 그것을 함께 나눌 사람도 있으며, (3) 앞의 두 가지를 위해 노력해야 하는 합리적인 이유를 제공해 주는 믿음도 있다.

조시에게도 물론 여러 가지 삶의 유혹이 있다. 그 중 가장 큰 유혹은 이러한 행복의 원천을 너무 당연하게 여기려 한다는 것이다. 그는 만족감을 누리면서 살 수 있다. 하지만 잘못되면 성공이라는 우상을 섬길 수도 있다. 그 모든 성공을 자기 능력에서 나온 것으로 생각하는 것이다.

고통 속의 남자와 공허한 남자가 하나님을 바라보는 관점은 다르다. 행복한 남자 역시 고통 속의 남자나 공허감 속의 남자와는 다른 관점으로 하나님을 바라본다. 그러나 오직 바르게 예배하는 자만이 하나님을 창조주로 인식하고, 자기 자신은 그 모습 그대로 피조물로 인식한다. 그리고 그런 사람들의 생각은 반드시 생활 속에 나타난다.

예배 혹은 숭배를 받지 말라, 드리라[14]

『영광의 무게』홍성사, 2008라는 책을 보면 출간되지 않은 C. S. 루이스의 글이 몇 편 실려 있다. 이 글은 그의 비서 월터 후퍼가 편집한 것이다. 서론에서 그는 C. S. 루이스야말로 자기가 알고 있는 가장 겸손한 사람이라고 이야기하면서 다음과 같이 기록했다.

"어느 날 저녁, 이런 일이 있었다. 좋아하는 책에 관해서 루이스와 서로 이야기를 하고 있었는데 … 랜슬롯 경이 곤경에 처한 한 불쌍한 여인을 구하러 갔다는 이야기를 들었다. 랜슬롯 경은 다른 사람을 위해 희생을 마다하지 않았다. 많은 사람들이 그에게 경의를 표하자, 그는 그것이 마치 이 세상에서 가장 자연스러운 일이라는 듯이 다음과 같이 설명했다. '나는 사람들의 숭배worhsip를 얻기 위해 한 것입니다.' 곧 자신의 명성을 높이고자 다른 사람을 도왔다는 것이다. 나는 얼마나 실망스러웠는지 모른다."[15]

후퍼가 이어서 "저는 루이스를 당황하게 하려는 의도는 아니었지만, 랜슬롯 경이 사람들의 숭배를 얻으려는 의도가 없었어도 당연히 사람들이 그를 숭배할 것을 몰랐는지 물어봤습니다. 그러자 루이스는 정말 낮은 목소리로, 그리고 너무도 겸손한 태도로 이렇게 이야기했습니다. '그런 데서 초연할 수 있는 사람은 아무도 없습니다.' 그 순간 온 집안과 우주 전체에 정적이 흐르는 것 같았습니다. 우리는 얼마간 정적이 흐른 후에야 다시 대화를 시작할 수 있었습니다."라고 썼다.

예배의 훈련

나는 방금 언급했던 찰스나 딜론, 조시 같은 사람이 하나도 없는 회중에게 말씀을 전한 적이 없다. 어떤 사람은 고통 속에 살고, 어떤 사람은 공허감 속에 산다. 또 어떤 사람은 행복하게 살고 있다. 모든 사람은 여러 이유로 이 세 부류 중 어느 한 부류, 그 이상의 부류에 속한다. 그들의 문제는 다 다르지만 해결책은 다르지 않다. 바로 하나님만을 위한 예배를 통한 것이다.

모든 인간의 내면 깊은 곳에는 창조주를 예배하고자 하는 갈급함이 존재한다. 그래서 하나님을 예배함으로써 고통을 치유 받고, 공허감이 만족감으로 채워지며, 행복한 사람은 계속 행복해질 수 있다.

우리 모두 사랑과 의미, 행복을 갈망한다. 그렇지만 그러한 것들을 목표로 삼아서는 결코 얻을 수 없다. 오히려 가장 중요한 것을 보지 못하도록 방해만 할 뿐이다. 우리 영혼의 가장 기본적인 갈망은 예배이다. 그 외에 우리의 허전함을 채워줄 수 있는 것은 없다.

시편 42편 1-2절을 보라. "하나님이여 사슴이 시냇물을 찾기에 갈급함 같이 내 영혼이 주를 찾기에 갈급하니이다 내 영혼이 하나님 곧 살아 계시는 하나님을 갈망하나니 내가 어느 때에 나아가서 하나님의 얼굴을 뵈올까."

5-8절에 이렇게 계속된다. "내 영혼아 네가 어찌하여 낙심하며 어찌하여 내 속에서 불안해 하는가 너는 하나님께 소망을 두라 그가 나타나 도우심으로 말미암아 내가 여전히 찬송하리

로다 내 하나님이여 내 영혼이 내 속에서 낙심이 되므로 내가 요단 땅과 헤르몬과 미살 산에서 주를 기억하나이다 주의 폭포 소리에 깊은 바다가 서로 부르며 주의 모든 파도와 물결이 나를 휩쓸었나이다 낮에는 여호와께서 그의 인자하심을 베푸시고 밤에는 그의 찬송이 내게 있어 생명의 하나님께 기도하리로다." 이 말씀은 분명히 예배를 깊이 갈망하는 한 사람의 모습을 그린 것이다.

예배의 실제

그렇다면 우리는 어떻게 해야 할 것인가? 시편 95편 1-2절에 보면 예배에 대한 분명한 그림이 그려져 있다. "오라 우리가 여호와께 노래하며 우리의 구원의 반석을 향하여 즐거이 외치자 우리가 감사함으로 그 앞에 나아가며 시를 지어 즐거이 그를 노래하자." 이 말씀을 읽으면서 거기에 나온 동사와 동사를 꾸며 주는 단어에 동그라미를 쳐 보라. 그러면 예배란 "기쁨으로 노래하고 NIV: sing for joy", "즐거이 외치고", "감사함으로 나아가고", 또 "시를 지어 즐거이 노래하자."로 표현되어 있음을 알 수 있다.

107

예배 훈련을 위해서 우리는 노래를 부를 수 있다. 또한 큰 소리로 하나님의 위대하심을 선포하고 감사하는 마음으로 하나님과 다른 사람들 앞에 기도하며 나아갈 수 있다. 그리고 음악으로 우리의 마음을 하나님께 드릴 수 있다.

예배 훈련 방법

여기서 좀 더 풍성한 예배의 삶을 위한 열 가지 실제적 방법을 제안하겠다. 이 중에는 당신이 이미 실천하고 있는 것도 있을 것이고, 어떤 것은 완전히 새로운 것일 수 있다. 이 방법들은 요술방망이가 아니다. 모든 방법을 총망라한 것도 아니다. 하지만 당신의 예배 생활과 영성 개발에 도움을 줄 것이다.

1. 준비

'거울 속의 남자' Man in the Mirror 회장을 맡고 있는 데이비드 델크에게 "예배 훈련을 위한 가장 실제적인 방법이 뭘까?" 하고 질문한 적이 있다. 그 때 그는 이렇게 말했다. "글쎄, 뭘 이야기하든지 상관없겠지만, 시작하기 전에 두 번 정도 숨을 고르고 해야지." 이게 바로 준비라는 것이다. 예를 들어서 아침에 잠자리에서 일어나기 전, 그 날 하루를 위해서 준비한다. 생각을 하나님께 집중하고 잠깐 동안 기도하라는 것이다. 주일날 교회로 가는 길에, 집을 나서기 전에 내가 지금 무엇을 하려고 하는지 생각해 보라는 것이다. 그리고 가족들도 이러한 준비를 할 수 있도록 도와라.

2. 창조

이 방법은 하나님의 창조 세계, 곧 그분의 일반 계시에 대해서 묵상해 보는 것으로, 각자 어떻게 부르든 상관없다. 나는 새벽녘 뒤뜰에 앉아서 수많은 별들로 가득 차 있는 하늘을 바라보는 것을 좋아한다. 하늘을 보면서 하나님께서 밝은 빛물을 손가락에 묻혀서 까만 커튼 위에 이리저리 흩으시는 모습을 상상한다.

당신은 자연의 놀라움을 이해할 수 있는가? 나는 이해가 안된다. 그 대신 엎드려 위대하신 창조주 하나님을 예배한다. 창조의 장엄함을 생각하면 위대하신 하나님을 경외하지 않을 수 없다.

3. 성경

성경은 우리에게 예수님의 복음과 믿음, 회개, 순종, 그리고 우리가 어떻게 살아야 하는지에 대해서 잘 가르쳐 준다. 말씀과 더 가까이하기 위해서 장소를 한 곳 정하는 것이 좋다. 그곳에 가면 하나님을 만날 수 있다는 사실을 기억하는 것이다. 왜냐하면 늘 그곳에서 말씀을 읽고 공부할 것이기 때문이다. 그러면 말씀을 통해서 하나님의 음성을 듣게 될 것이다.

4. 기도

기도에는 여러 방법이 있다. 이미 쓰인 기도문으로 하는 방법도 있고 하나님 앞에 바로 마음을 쏟아 부으며 기도하는 방법도 있다. 당신이 하나님과 지속적인 대화를 통해서 기도하길 바란다. "그 모임에 가야 하나? 이 물건을 그 사람한테 구입해야 하나? 판매를 위해 어떤 고객에게 전화를 해야 하지? 그리고 또, 또, 또…." 이러한 생각들을 모두 기도로 바꾸고 하나님과 대화해 보라. 이것은 바로 삶에서도 지속되는 예배이고, 그로 인해 하나님의 인도하심을 받을 뿐만 아니라 우리의 영성이 새로워진다.

5. 독서

나는 책을 좋아한다. 1656년에 리처드 백스터Richard Baxter가 지은 『참 목자상』생명의말씀사, 2006이라는 책을 보면, "어느 집에나 성경책 옆에 감동적인 좋은 책들이 있습니다. 만약 그렇지 않다면 책을 사라고 설득하십시오. 만약 책을 살 형편이 안 된다면, 당신이 책을 선물하십시오. 그렇게 할 수 없다면, 선행을 베풀기 원하는 여유가 있는 사람들에게 부탁하고, 책을 받은 사람은 시간이 될 때, 특히 주일 밤에 그 책을 읽도록 하십시오." [16]

하나님을 더 알기 원한다면 성경뿐만 아니라 좋은 신앙 서적도 읽어야 한다. 하나님께서는 책을 통해 그 책을 붙잡고 있는 사람을 꼭 붙잡고 계신다.

6. 음악

음악은 예배를 보여 주는 또 다른 창문이다. 나는 운전할 때면 찬양을 듣는다. 찬양을 들으면 운전을 하면서도 예배하게 된다. 이렇게 차 안에서 드리는 예배를 통해서도 나의 마음은 영적으로 새로워진다. 당신이 약속 시간을 기다리고 있는 세일즈맨이든, 법정으로 가고 있는 변호사이든, 혹은 사무실에 있는 컴퓨터 프로그래머이든 시간이 날 때마다 영감을 주고 하나님을 바랄 볼 수 있게 해 주는 음악을 들으라.

7. 일기

자기 생각을 글로 써 보라. 펜이나 연필도 괜찮지만 나는 컴퓨터가 편하다. 나는 컴퓨터로 글을 써서 연도별로 저장해 둔다. 그렇다고 이런 일기에 특정한 형태나 형식이 있는 것은 아니다. 뭔가 생각이 날 때 마다, 기록해 두고 싶을 때마다 일기를 쓴다. 그러면 생각을 정리하는 데 도움이 된다.

사실 기록을 하지 않으면 좋은 생각이 떠올랐다가도 흔적 없이 사라지는 경우가 많다. 기록이야말로 하나님이 주신 영적 통찰력이나 섬광 같은 아이디어들을 남겨 둘 수 있는 최적의 방법이다.

8. 공예배 교회

공동체에서 함께하는 예배야말로 영이신 하나님을 분명히 볼 수 있게 해 준다. 옆에 있는 사람들을 돌아보는 것만으로도 도움이 된다. 리처드 포스터는 그의 저서 『영적 훈련과 성장』에서 한 장 전체를 예배 훈련에 관해서 썼다.

나는 거기서 제안한 방법을 지금까지 실천해 오고 있는데, 그것은 예배를 드리러 교회에 오면 주위를 둘러보고, 어깨가 축 쳐져 있는 사람을 봤다면 성령께서 인도하시는 대로 그 사람을 위해서 기도하는 것이다. 그리고 목사님과 예배하러 온 성도들을 위해서 기도하고, 모든 사람이 은혜로운 예배를 경험할 수 있도록 기도한다. 이렇게 예배를 위해 다른 사람들을 깨우면 나 역시 깨어나는 경험을 한다.

9. 가족 예배

결혼한 남성이라면 아내와 자녀들이 하나님의 거룩한 임재를 더 깊이 경험할 수 있도록 반드시 가족 예배를 인도해야 한다. 아침에 가족을 불러 모으고 그 날 하루를 위해 기도해 보라. 5분 정도 시간을 내서 전날 하나님께서 어떻게 역사하셨는지 대화를 나누면 참 좋다. 그리고 한 사람 한 사람에게 기도 제목을 물어보고 하나님께 영광을 돌리는 하루가 되도록 간구하라. 식사 시간에는 감사 기도와 함께 하나님께서 가정에 복을 내려 주시도록 구하라. 이렇게 하는 것은 가족 예배의 이상적인 모습이며, 헬라어의 원래 뜻을 잘 나타내 주는 것이다. "개가 그 주인의 손을 핥듯이 키스하다."

10. 일

리포터 로이 파이어스톤이 소속 팀이 NBA 챔피언 우승을 2년 연속하는 데 공헌하고, 올스타에 열두 번이나 선정된, 미국 프로 농구 사상 최고의 센터로 평가받는 신장 2미터, 몸무게 117킬로그램의 거구를 인터뷰한 적이 있다. "동료 선수들의 이야기를 들어 보면 시합에 나갈 때 마다 110퍼센트의 에너지를 쏟아 붓는다고 하던데요." 파이어스톤이 말을 꺼냈다. "훈련할 때는 몇 시간씩 계속해서 슈팅 연습을 하고, 그 다음엔 말 그대로 더 이상 걸을 수 없을 때까지 단거리 달리기를 하고, 공을 보면 마지막 결승전인 것처럼 달려들었다고 하던데, 왜 그랬습니까? 이미 최고의 선수가 되었는데 그렇게까지 할 필요가 있습니까? 그냥 쉽게 할 수도 있지 않습니까?"

파이어스톤에게 돌아온 대답은 이렇다. "모르시는 것이 있네요. 제가 코트에 나설 때는 그냥 운동하러 나가는 것이 아닙니다. 저는 예배를 하러 나갑니다. 하나님께서 제게 주신 재능을 가지고 어떻게 아무 것도 되돌려 드리지 않을 수 있습니까? 저는 그냥 운동하러 가는 것이 아니라 예배하러 가는 것입니다."

이 선수의 이름은 바로 하킴 올라주원이다. 그는 모슬렘이다. 그리스도인은 아니지만 자신이 하는 일이 바로 예배의 행위가 될 수 있다는 통찰력을 가진 사람이다.

하나님의 위대하심에 압도당하며

예배는 한 개인이 하나님의 선하심과 위대하심에 압도당한 것을 표현하는 것이다. 예배에는 하나님의 위대하심을 더 깊이 깨닫고 그 앞에 더 순종하게 하는 모든 행위가 포함된다. 이러한 행위에는 어떤 제한도 없다. 창의력이 발휘될 수 있는 한 무한

한 방법이 있다.

매일매일 하루도 빼놓지 말고 예배하라. 예배의 습관을 들이라. 그리고 하루 중 언제라도 하나님께 찬양과 경배를 드리고 그분을 높일 수 있는 기회를 찾으라. 어떤 일이 있든지 그 일을 통해 예배하는 훈련을 해 보라. 예를 들면 부부 싸움을 했을 때나, 결재가 제대로 안 될 때, 직원이 불만을 터뜨릴 때, 사람을 만날 때나 인사할 때마다 예배하는 훈련을 해 보라. 늘 예배하는 일은 부담스러울 수도 있지만, 정말 간단한 일이기도 하다. 매일매일 모든 것을 통해 하나님과 교제하며 소통해 보라.

> 다음은 앞서 이야기한 예배의 방법 열 가지다. 자신이 어느 정도 실천하고 있는지 그 정도에 따라 '1-자주, 2-보통, 3-거의 안 함'을 숫자로 표시하라. 가장 관심 있는 것에는 동그라미를 치라.
>
> 준비(　) 음악(　) 창조(　) 일기(　) 성경(　)
> 공예배(　) 기도(　) 가족 예배(　) 독서(　) 일(　)

하나님 아버지, 모든 일이 잘 될 때면 너무도 쉽게 예배를 잊습니다. 바로 그 때가 예배할 때인 것을 기억하게 하소서. 또 마음이 허무하고 무거울 때도 하나님의 임재 앞에 나아가 문제를 해결하게 하소서. 어떤

상황 속에서도 우리 영혼의 가장 깊은 갈급함을 채울 수 있는 것은 항상 동일합니다. 창조주 하나님을 예배하는 법을 배우게 하소서. 하나님께서 제 삶 속에 어떻게 역사하실지는 잘 모르지만 반드시 역사하신다는 사실을 믿습니다. 그래서 우리 모두 하나님의 손길에 민감하게 반응할 수 있도록 도와주옵소서. 그리고 우리 모두 예배자로 하나님 앞에서 자라게 하여 주옵소서. 예수님의 이름으로 기도합니다. 아멘.

Review

- 히브리어로 예배는 "절하다, 엎드리다."라는 뜻이다.
- 헬라어로 예배는 "개가 주인의 손을 핥듯이 키스하다."라는 뜻이다.
- 우리가 고통 속에 있는 남자인가, 공허감 속에 있는 남자인가, 아니면 행복한 남자인가에 따라서 하나님께 대한 반응이 달라질 것이다.
- 그러나 오직 바르게 예배하는 자만이 하나님을 창조주로, 자기 자신은 피조물의 모습 그대로 인식한다.
- 예배란 하나님의 선하심과 위대하심에 압도당한 자신을 표현하는 것이다.
- 예배란 두려운 말일 수도 있지만 정말 간단한 일이기도 하다. 매일 모든 것을 통해 하나님과 교제하며 소통해 보라.

토론 문제

1. 당신은 세 부류의 남자 중 어디에 속하는가? 그것이 당신의 예배에 어떤 영향을 주는가?

2. 예배라면 사람들은 흔히 주일 공예배를 생각한다. 하지만 그것은 너무 범위가 적다. 로마서 12장 1-2절을 보라. 이 본문은 예배가 곧 우리의 삶이라는 차원에서 무엇을 말하고 있는가?

3. 제안한 열 가지 예배 방법 중에 어떤 것을 가장 실천해 보고 싶은가?

4. 오늘이나 내일 실천할 수 있는 예배의 행위가 있다면 무엇인가? 혹시 어떤 계획이 있는가?

5
남자,
당당히 안식하다

Preview

- 안식의 의미는 무엇인가?
- 안식은 단순히 율법적인 요구 사항인가?
- 안식은 구약시대에만 있는 것인가, 아니면 오늘날에도 필요한 것인가?

존은 시계를 보았다. 회의가 예상보다 길어지고 있었다. 옷깃을 약간 풀면서 옆에 앉은 사람들을 짜증스러운 눈으로 쳐다봤다. 이제 그만 나가고 싶었다. 그에게는 마감 시간까지 끝내야 할 일들이 쌓여 있었다. 어떻게 다 마무리 지을 수 있을까?

존은 9일 내내 하루 최소 열 시간의 과도한 업무에 시달리고 있었다. 이제 막바지 작업을 진행하고 있는데, 내일까지는 모든 것을 완료해야 한다. 손가락으로 회의 탁자를 탁탁 치면서 의자 끝에 살짝 걸터앉았다. 마침내 팀장이 입을 열었다. "됐습니다. 마치겠습니다."

존은 재빠르게 빠져나와 자기 사무실로 발걸음을 재촉했다. "집에서 전화 왔습니다. 2번이에요." 사무실에 들어서자마자 비서가 말했다.

"여보? 왜 그래?" 존은 수화기를 들면서 얼굴을 찌푸렸다.

"저녁 때 집에 들어오나 해서요."

"어려울 것 같은데." 그가 말했다.

"당신, 일주일 내내 늦었어요." 아내는 한숨을 내쉬었다.

"애들이 당신 얼굴 잊어버리겠어요."

"지금 어쩔 수 없어." 그가 날카롭게 쏘아붙였다.

"그만 끊을게."

존은 바로 이메일을 체크했다. 다른 부서에서 보낸 두 통의 메일이 와 있었다. 존이 구입 요청한 물품에 대해 좀 더 자세한 정보를 알려 달라는 내용이었다. "이 사람들 정말 멍청하군." 존이 중얼거렸다. "도대체 생각을 하면서 사는 건지."

존은 지금 매우 위험한 곳에서 항해를 하고 있다. 이것을 새로운 용어로 표현한다면, 휴식 장애rest-interval dysfunction이다. 삶의 균형이 깨져 버렸기 때문에 지금 존에게는 쉴 시간이 필요하다. 바로 안식이다.

안식이란 무엇인가?

안식Sabbath이라는 말은 문자적으로 "어떤 행동을 그만 두는 것, 쉬는 것"이라는 뜻이다. 영어의 sabbatical 안식의, 휴식의 이라는 말이 여기서 파생되었다. 사실 오랫동안 이것에 대한 논란이 많았다. 안식의 명령이 특정한 날과 연관이 있는가, 어떤 행위는 괜찮고 어떤 행위는 금지된 것인가? 하지만 이번 장의 목적은 다음과 같은 내용을 함께 생각해 보는 것이다. 우리 모두에게는 일정한 휴식을 취할 책임과 권리, 즉 특권이 있다는 것이다.

신명기 5장 12-15절을 살펴보자. 이 말씀은 십계명에 관한 말씀의 중심에 위치해 있다. 십계명의 네 번째 계명이면서 열 가지 중 가장 긴 계명이다.

"네 하나님 여호와가 네게 명령한 대로 안식일을 지켜 거룩하게 하라 엿새 동안은 힘써 네 모든 일을 행할 것이나 일곱째 날은 네 하나님 여호와의 안식일인즉 너나 네 아들이나 네 딸이나 네 남종이나 네 여종이나 네 소나 네 나귀나 네 모든 가축이나 네 문 안에 유하는 객이라도 아무 일도 하지 못하게 하고 네 남종이나 네 여종에게 너 같이 안식하게 할지니라 너는 기억하라 네가 애굽 땅에서 종이 되었더니 네 하나님 여호와가 강한 손과 편 팔로 거기서 너를 인도하여 내었나니 그러므로 네 하나님 여호와가 네게 명령하여 안식일을 지키라 하느니라."

성경적으로 안식에는 분명한 목적이 있다. 쉼과 재충전이다. 하지만 안식은 또한 기억하기 위한 것이기도 하다. 이 날은 구별된 날이다. 자신도 일을 하지 않고 다른 사람에게도 일하라고 요구하지 않는다. 이것이 구약의 안식이다.

출애굽기 23장 12절을 보면 다음과 같이 기록되어 있다.

"너는 엿새 동안에 네 일을 하고 일곱째 날에는 쉬라 네 소와 나귀가 쉴 것이며 네 여종의 자식과 나그네가 숨을 돌리리라."

이 말씀에서 보면 안식은 하나님께서 그분의 자녀들에게 주신 아름다운 선물이라는 사실을 알 수 있다. 하나님께서는 7일 중 하루를 쉴 수 있도록 법으로 구별해 놓으셨다.

영국 노점상이 기르던 나귀에 관한 이야기가 하나 있다. 일주일에 하루를 쉬면서 나귀에게 짐을 나르게 했더니 하루에 약 48킬로미터를 갔는데, 하루도 쉬지 않고 매일 짐을 나르게 했더니 하루 평균 약 14킬로미터밖에 가지 못했다는 것이다. 일주일에 하루씩 쉰 나귀는 그렇지 않았을 때보다 거의 두 배 가까운 일을 해냈으며 상태도 건강하고 행복해 했다. 일주일에 하루를 쉰 사람과 그렇지 못한 사람에게서 어떤 결과가 나올 지는 보지 않고도 알 것이다.

왜 안식이 경건 훈련에 속하는가?

21세기를 사는 사람들 가운데는 이러한 훈련이 필요한 사람들이 많다. 쉼이란 사실 자연스러운 것이 아니다. 사람들은 일을 하거나 뭔가 행동을 하는 것이 더 편하다. 그렇지만 하나님께서는 안식을 십계명으로 정하실 정도로 매우 중요하게 생각하셨다. 그렇다면 왜 우리가 이러한 사실에 주목해야 하는 것인가? 안식을 경건 훈련으로 실천하는 데에는 적어도 다음과 같은 네 가지 이유가 있다.

첫째, 안식일이란 정통 기독교에서 빼놓을 수 없는 필수적인 요소이다. 이것은 십계명 논란이 있겠지만 이 세상에서 가장 중요한 성문법에 포함되어 있다. 서양 문화의 기초가 된 것이다.

둘째, 안식일이란 하나님의 공급하심에 대한 신뢰이다. 우리가 안식하라는 명령에 순종하는 것은 결국 우리 자신이 아니라 하나님을 믿는다는 뜻이다. 안식을 취한다는 것은 이렇게 말하는 것과 똑같다. "하나님이 돌보아 주실 것을 믿습니다. 쉴 틈 없이 매일 지칠 때까지 일할 필요가 없습니다. 저는 하나님을 신뢰합니다."

셋째, 안식일은 우리 자신을 보호한다. 수년 전에 이런 이야기를 들었다. 프랑스 파리의 시민들이 안식일을 지키지 않게 되면서 자살률이 증가했다는 것이다. 그 당시 파리의 자살률은 기독교 국가 중 가장 높은 수치였다. 쉬지 않고 계속 일하면 탈진하게 되고 어느 한 쪽으로 치우쳐 삶의 균형을 상실한다.

넷째, 안식일에 대한 오해가 많아서 남용되거나 소홀해지기 쉽다. 어떤 사람들은 주말에 잔디 깎기나 쇼핑, 집안일에 치여서 제대로 쉬지 못한다. 또 어떤 사람들은 쉰다는 핑계로 예배 참석도 안 한다. 어떤 때는 가족을 외면하기도 한다. 한 대학생이 안식일을 소홀히 여기는 이 세대를 보고 풍자적으로 이렇게 말한 적이 있다. "저는 십계명이 아니라 구계명을 믿습니다."

하나님께서 우리에게 안식을 주지 않았다고 생각해 보라. 그래서 전혀 쉬지 않고 계속 일만 한다고 생각해 보라. 우리는 일을 안 할 때면 취미나 운동 경기에 중독되어 있다. 아니면 스포츠 중계 프로그램에서 시선을 떼지 못한다. 아니면 친구들과 어울려 다닌다. 물론 그런 활동 자체가 잘못된 것은 아니다. 하지만 이렇게만 행동하는 것은 잘못이다. 먼저 가족 관계가 어떻게 되겠는가? 냉랭해져서 곧 무너질 것이다. 이런 현상은 육신의 가족뿐만 아니라 영적인 가족에게도 해당한다.

안식일을 귀히 여기지 않거나 교회에 나와 영적인 가족들과 함께하는 데 시간을 투자하지 않는다면 결국 과도한 스트레스로 무너질 것이다. 하나님뿐만 아니라 다른 사람들과도 영적으로 분리되는 현상이 발생하고, 뭔가 결정을 내려야 할 때 잘못된 결정을 내리기 쉽다. 그리고 교회에 출석하지 않은 결과, 교회는 교회대로 공동체가 약해질 수밖에 없다.

　매주 하루 일을 안 하고 쉰다는 게 그리 쉬운 일은 아니다. 그래서 이것을 훈련이라고 부르는 것이다. 연습을 통해서 안식을 삶의 방식으로 만들어야 한다. 하나님은 하루 쉬는 날을 아예 법으로 정하셨다. 어쩌다 한번 주일에도 일해야 하는 상황이라면 괜찮지만 매주 주일마다 일해야 한다면 안식일을 지키라고 하신 하나님의 명령을 잘 생각해 볼 필요가 있다. 안식일도 일해야 한다고 생각한다면 스스로에게 물어보라. "나는 과연 하나님을 신뢰하고 있는가? 나는 무엇을 두려워하고 있는가?"

안식일 계명 지키기

태초에

　안식일을 구약성경이 물려 준 구시대의 잔재 같은 것으로 생각하는 사람들이 있다. 하지만 그것은 안식일이 율법 제정 전부터 존재했다는 사실을 모르고 하는 말이다. 창세기 2장 2절에 보면 하나님께서 안식일을 창조의 과정에 포함시키셔서, 여섯

째 날까지 일하신 후에 "일곱째 날에 안식하시니라."고 말씀하셨다. 하나님께서 직접 하루 쉬는 날을 포함한 7일이라는 시간 개념을 만드셨다. 7일의 순환 주기는 달이나 다른 어떤 행성의 운행 주기와 다른 매우 독특한 것으로, 창조의 질서에 의해 생겨난 것이다.

하나님의 도덕법

게다가 신약 역시 이러한 구약의 율법을 폐하지 않았다. 골로새서 2장 14절에 예수께서 "법조문으로 쓴 증서를 지우시고 제하여 버리사 십자가에 못 박으시고."라고 기록되어 있다. 하지만 문맥상 이 법조문이란 세 가지 율법을 뜻하는 것이다.

1. 각종 의식으로 구성된 의식법
2. 개인과 사회생활에 관한 시민법
3. 언제나 모든 사람이 마땅히 지켜야 할 명령으로 구성된 도덕법. 안식일 계명을 포함한 십계명이 바로 이 도덕법의 영역에 속한다. 의식법과 시민법은 그리스도의 삶과 죽음, 부활을 통하여 폐지되었지만 하나님의 도덕법은 여전히 유효하다. 바로 하나님의 속성을 반영하고 있기 때문에 이러한 가르침은 신약성경 전체를 통하여 지속적으로 반복되고 있다.

예수님은 안식일 계명을 포함해서 도덕법에 관해서 자세하게 가르치셨다. 예를 들면, 마가복음 2장 28절에서 예수님은 "인자는 안식일에도 주인이니라."고 말씀하셨다. 안식일 계명이 신약성경에서도 중요한 부분을 차지하고 있다는 뜻이다.

그래서 안식일 원칙은 오늘날 우리 시대에도 적용된다. 물론 이러한 원칙을 받아들이는 사람들 중에서도 주일이나 안식일을 다른 각도에서 생각하는 사람들도 있다. 어떤 사람들은 단순히 가족과 함께하는 날이라고, 또 어떤 사람들은 스포츠 중계를 마음껏 볼 수 있는 날이라고 생각한다. 즉, 주일을 혼자 또는 가족과 함께 즐기는 날이라고 여기거나, 6일은 직장을 위한 날이지만 이 날 하루만큼은 아무에게도 방해를 받지 않는 나만을 위한 날이라고 여긴다. 이런 사람들은 주일 아침 일어나면 느긋하게 쉬면서 커피를 세 잔 정도 마시고 신문을 읽다가 문득 교회에 가고 싶은 생각이 들 때에만 교회에 간다.

주의 날

그렇지만 성경은 일곱째 날을 주의 날이라고 말씀한다. 하나님은 우리 마음이 드러나는 경우가 아니라면 우리의 행동은 별로 중요하게 생각하시지 않는다. 당신은 주일을 어떻게 보내는가? 월요일이면 너무 피곤해서 일을 제대로 할 수 없을 정도인가? 그렇다면 휴식 장애를 겪고 있는 것이다. 주일도 일을 너무 많이 해서 월요일에 지친다면 안식일을 소중히 여긴다고 말할 수 없다.

사람들은 또 주일 대부분 안식일이라고 생각하는 날에 해도 되는 일과 해서는 안 되는 일이 무엇인지에 대해서 다양한 의견을 가지고 있다. 우리 가족은 아이들이 어렸을 때는 주일 저녁마다 외식을 했다. 주말에 가족들과 함께할 수 있는 방법이라 여기고 그것도 안식일을 지키는 것이라고 생각했다.

그런데 딸이 사역자의 길로 들어선 후 어느 날 우리 부부가 집에 없을 때 전화를 했다. 그리고 얼마 후에 딸과 다시 통화를 했을 때 딸은 그 날 저녁 우리가 어디에 다녀왔는지 물었다. 그래서 외식하고 왔다고 대답했더니, 자기가 요즘 안식일에 대해서 공부를 하고 있는데 주일에 그렇게 외식을 해도 되는 건지 확실히 모르겠다고 말했다. 왜냐하면 이건 순전히 자신의 양심 문제인데, 외식하러 가는 것은 다른 사람들을 주일에 일하게 만드는 결과를 만들지 않느냐는 것이었다.

내가 반론을 폈다. "어차피 주일에 일하는 사람들인데, 왜 가면 안 되니?"

"맞아요. 하지만 제가 그 사람들을 일하게 만든다는 생각을 떨쳐 버릴 수가 없어서 양심에 걸려요. 저는 이제 주일에는 외식을 안 하고 있어요."

그 말이 마음에 걸렸다. 십계명을 어떤 관점에서 보는지에 따라서 해도 되는 것과 해서는 안 되는 것이 나뉜다. 그리스도의 관점에서 본다면, 예수님은 그 사람의 태도를 중시하시고 상당히 많은 자유를 허용하셨다.

우리 부부는 여전히 주일 저녁 외식을 한다. 하지만 이제는 매주 가지는 않는다. 하지만 다른 사람들은 매주 주일에 외식을 할 수도 있다. 그것도 괜찮다고 생각한다. 정해진 법이 없기 때문이다. 안식일에 관한 것은 태도의 문제이다. 중요한 것은 우리가 하나님이 의도하신 대로 접근하고 있는가이다.

딸이 상담학과 신학 공부를 위해서 신학대학원에 입학했을 때, 안식일에 대해서 한 이야기를 내 설교에 인용해도 괜찮은지 물었다. 그 때 나는 이런 대답을 들었다. "아버지, 사실 신학대학원에 입학한 이후에 안식일에 관해서 저는 더 보수적이 되었어요."

다시 말하겠다. 주님이 주신 자유를 오용해서도 안 되지만 남용해서도 안 된다. 육체노동을 하는 사람이라면 주일 오후에 낮잠을 잘 수도 있다. 주로 의자에 앉아 근무하는 사무직 종사자라면 주일 오후에 운동을 할 수도 있다. 두 가지 모두 안식일을 구별하여 지키는 방법으로 가능하다.

내가 지은 『남자를 그리스도의 제자로 이끄는 영성훈련』^{도서출판 국제제자훈련원, 2009}이라는 책을 보면 다음과 같은 차트가 있다.

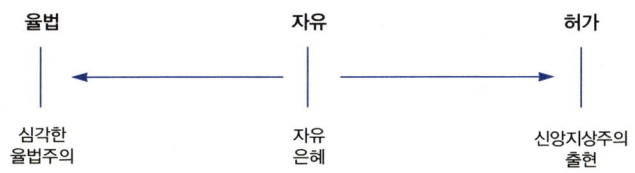

확실히 율법과 허가증은 잘못된 양극단이다. 자유함이 바로 균형점이다. 즉, 우리 행동은 균형점 주위 어딘가에서 이루어져야 한다.

안식 훈련 방법

안식일을 소중하게 여긴다는 것은 결국 자유의 자리를 지혜롭게 찾는 데 있다. 휴식 장애가 심각하지 않다면 다음의 방법들을 사용해 보라.

하나님 아버지와 함께 하루 시작하기

안식일은 하나님께서 쉼을 위해 구별하신 날이다. 이 사실을 염두에 두고, 안식일 아침에 눈을 떠도 바로 일어나지 말고 15-20분 정도 더 누워서 기도하라. 곧 하나님의 섭리 가운데 오늘이 특별한 날인 것을 생각하면서 안식일을 허락하심에 감사하라. 쉼을 법으로 제정하심에 감사하라.

그리고 안식의 이유에 대해서 생각해 보라. 하나님은 안식일이 거룩히 지켜지기를 원하신다. 우리가 그 사실을 기억하기를 원하신다. 그리고 우리가 하나님을 예배하기 원하시고 우리와 교제하기 원하신다. 안식일은 하나님과 함께하는 날이다.

잠자리에서 일어나면 개인 경건의 시간을 갖는다. 지난 한 주를 돌아보면서 하나님께서 보호해 주시고 베풀어 주신 모든 은혜에 감사한다. 그리고 아직 끝마치지 못한 일과 이제 새롭게 시작되는 한 주를 위해서 기도한다. 하나님께서 보살펴 주시고 은혜와 복을 내려 주사 우리의 삶을 인도하시고 지혜를 주시도록 간구한다. 또한 나뿐만 아니라 우리가 사랑하는 모든 이들에게도 지혜를 주시도록 간구한다.

그 다음에는 하나님께 드릴 헌금과 십일조를 구별해 둔다. 지난주에 하나님께서 얼마나 공급해 주셨는지 살펴보고 하나님께 얼마나 드릴 수 있는지 확인하라. 그리고 교회로 가기 전 헌금을 미리 준비해서 예배 시간에 기도하는 마음으로 하나님께 드리라.

이제 교회에 들어가면 다른 사람들의 필요를 생각해 본다. 나는 집을 나설 때 어려움에 처해 있는 사람들을 생각한다. 그리고 교회에 도착하면 어깨가 축 처져 있는 사람은 없는지, 구석에 혼자 외롭게 앉아 있는 사람은 없는지 살펴본다. 그리고 그들을 위해서 기도한다. 다가가서 말을 걸기도 한다.

찬양할 때는 내가 하나님을 예배하고 있다는 사실을 잊지 말라. 나는 다른 성도들이 어떻게 찬양하든 상관하지 않는다. 또 다른 사람들이 내 찬양에 대해서 어떻게 생각하는지도 상관하지 않는다. 나는 성령을 통해 예수님과 하나님 아버지께 찬양하는 것에 집중할 뿐이다. 그리고 예배가 끝나면 다른 성도들과 교제의 시간을 갖는다.

예배 후의 하루 일과

점심을 먹고 나면 충분한 시간이 있다. 이미 이야기했듯이 집에서 식사할 수도 있고 외식을 할 수도 있다. 나는 식사 후에 낮잠을 자거나 스포츠 중계를 본다. 일주일 내내 책을 읽으면서 공부를 했기 때문에 주일에는 다른 일을 하고 싶다. 저녁때가 되면 집에서 아내와 함께 식사를 하고 대화의 시간을 갖는다. 월요일부터는 또 출근을 해야 하기 때문에 적당한 시간에 이야기를 마치고 잠자리에 든다. 월요일 아침에 휴식 장애 현상이 일어나지 않도록 일찍 잠을 청한다.

경건 훈련 방법

- 다양한 방법으로 주일 예배 준비를 해 보라. 가능하다면 가족과 함께 하라.
- 매일 안식의 시간을 보내라. 아마도 이미 실시하고 있겠지만 아침에 조용히 커피 한 잔을 마신다든지, 하루 일과에 대해 아내에게 이야기한다든지, 아니면 낮잠을 청해 보라. 이미 하고 있는 것을 조금만 다르게 생각해 보면 그리 어렵지 않다.

하나님 아버지, 안식일은 정말 귀한 선물입니다. 하나님은 우리에게 법적 권리로 안식일을 허락하셨습니다. 하지만 우리에게 책임도 있다는 것을 압니다. 안식일이 월요일 아침부터 일주일 내내 어떤 영향을 줄 수 있는지 깨닫게 하옵소서. 휴식 장애를 겪고 있는 사람들이 있다는 것을 기억하게 하셔서 우리의 안식일 때문에 그들이 쉬지 못하는 것은 아닌지, 우리 자신을 돌아보게 하소서. 또한 율법적인 사람들이 있다는 것을 기억하게 하셔서, 우리로 안식일의 자유함을 알게 하옵소서. 안식일을 지키지 않는 사람들이 있다는 것도 기억하게 하셔서, 우리가 바르게 생각하고 주님이 주신 자유함을 누리게 하옵소서. 예수님의 이름으로 기도합니다. 아멘

Review

- 하나님께서는 7일 중 하루를 쉴 수 있도록 법으로 제정하셨다.
- 우리는 모두 일정한 휴식을 취할 책임과 권리, 즉 특권이 있다.
- 안식일을 귀히 여기지 않거나 교회에 나와 영적 가족들과 시간을 보내지 않는다면 결국 과도한 스트레스로 무너질 것이다.
- 쉬는 날 하루를 포함한 7일이라는 시간 개념을 하나님께서 직접 만드셨다.
- 육체노동을 하는 사람이라면 주일 오후에 낮잠을 잘 수도 있다.
- 하나님의 섭리 가운데 안식일이 특별한 날인 것을 생각하면서 안식일을 허락하심에 감사한다.

토론 문제

1. 기억에 남는 안식일이 있다면 이야기해 보라. 어떤 점이 특별했는가?

2. 출애굽기 23장 12절과 신명기 5장 12-15절에 근거해서 하나님께서 하루를 쉬라고 구별하신 이유가 무엇인지 이야기해 보라.

3. 안식일 계명을 오늘날도 지켜야 하는가? 마태복음 5장 17-19절을 보라. 여기서 예수님은 의식법, 시민법, 도덕법 중 어떤 법에 관해서 말씀하고 계신가? 마가복음 2장 28절을 보라. 예수님과 안식일은 어떤 관계인가? 십계명을 구계명으로 줄일 성경적 근거가 있는가? 이 질문에 대한 답은 무엇을 의미하는가?

4. 하루를 구별하여 거룩히 지키지 않는다면 어떻게 되겠는가? 주일을 나의 날, 일하는 날, 노는 날, 게임하는 날, 또는 가족의 날로 생각하면 어떻게 되겠는가?

5. 안식일은 하나님께서 그분의 자녀들에게 주신 아름다운 선물이다. 안식일을 나 자신과 가족을 위한 아름다운 선물로 받아들이기 위해서 특별한 계획을 세워 보라.

6
남자,
교제하면서 강건해지다

Preview

다른 성도들과의 교제는 중요하다. 특히 소그룹에서의 교제는 더 그러하다.

- 우리는 격려가 필요한 사람인가?
- 우리는 그리스도 몸의 지체로서 어떻게 타인의 빈 곳을 채워 줄 수 있는가?

A MAN AND FELLOWSHIP

어떤 면에서 남자들은 미국삼나무 redwood와 같다. 미국삼나무는 수명이 보통 1,000년이나 되고 어떤 것들은 무려 2,000년이나 된 것도 있다. 크기는 무려 100미터나 된다. 그렇지만 그 뿌리는 땅 밑으로 2미터 정도밖에 뻗어 있지 않다. 이렇게 키가 큰 거목이 어떻게 비바람과 태풍을 견뎌낼 수 있는 것인가? 그 나무들은 서로 가까이 붙어서 자란다. 그리고 서로 뿌리를 휘감는다. 즉 함께 서 있기 때문에 강건한 것이다.

오늘날 남자들에게는 "나 혼자도 할 수 있다."는 일종의 독립정신이 팽배해 있다. 하지만 미국삼나무처럼 우리가 함께 서면 훨씬 더 쉽게 강건해질 수 있다. 요즘에는 영성 훈련을 위해서 혼자 있는 시간을 강조하지만 혼자 있는 시간이 언제나 좋다는 뜻은 아니다.

신실한 남자 성도들과 교제하는 것은 경건 훈련에 임하는 것과 같다. 같은 믿음을 가진 다른 성도들에게 마음을 열면 인생의 풍파가 닥쳐와도 힘과 용기를 얻을 수 있다. 단순한 동병상련의 차원이 아니다. "당신 안에서 하나님을 보니 하나님의 살아계심을 알겠습니다."라는 믿음의 차원이다.

교제란 무엇인가?

교제라는 말을 달갑게 여기지 않는 남자 성도들이 있다. 남자들에게 별로 필요없는 것 같기 때문이다. 그래서 다른 비슷한 말을 좀 살펴보겠다. 우정, 동업자, 모임, 동지, 세워 주고 격려하는 관계, 형제애, 함께 어울리기, 함께 모이기. 이런 것들이 남자들에게 정말 불필요한 것들인가?

내면 깊은 곳의 필요

관계에 대한 필요는 우리 모두의 내면 깊은 곳에 잠재하고 있다. 창세기 2장을 보면 하나님께서 이브를 창조하시기 전에, 아담을 에덴동산에 두시고 에덴동산을 잘 돌보라는 책임을 맡기셨다. 그리고 아담에게 다음과 같이 말씀하셨다. "사람이 혼자 사는 것이 좋지 아니하니"창 2:18. 그 후에 하나님은 아담의 돕는 배필로 이브를 창조하셨다.

결혼한 남성들은 잘 알겠지만 분명히 이 세상에서 가장 가까운 관계에 있는 사람은 아내이다. 하지만 누구에게나 내재되어 있는 관계에 대한 필요로 인해서 관계의 폭은 더 넓어진다. 예를 들면, 히브리서 10장 25절에는 "모이기를 폐하는 어떤 사람들의 습관과 같이 하지 말고 오직 권하여 그 날이 가까움을 볼수록 더욱 그리하자."고, 잠언 18장 24절에는 한 걸음 더 나아가서, "어떤 친구는 형제보다 친밀하니라."고 기록되어 있다. 결론적으로 말하면 하나님은 인생의 여러 도전들을 우리 혼자 감당하도록 하시지 않았다는 것이다. 우리는 서로가 필요한 존재들이다.

성경은 교회를 인간의 몸에 비유하면서, 바로 이러한 주제에 대해서 언급하고 있다. 고린도전서 12장 12절에는 "몸은 하나인데 많은 지체가 있고 몸의 지체가 많으나 한 몸임과 같이 그리스도도 그러하니라."고 기록되어 있다.

헬라어로 '몸'이라는 단어는 여러 가지 뜻으로 사용되었는데, 여기서는 공동체를 뜻한다. 즉, 공동체란 여러 지체를 지닌 한 몸이라는 것이다. 어떤 성도들의 모임이든지 그것은 몸의 모임이다. 그 다음 구절을 보면, 우리 모두가 인종이나 사회적 신분의 차이에도 불구하고 한 성령으로 세례를 받은 한 몸이라는 것을 알 수 있다.

우리는 많은 지체를 가진 한 몸이다. 그래서 제 기능을 효과적으로 발휘하기 위해서는 서로가 필요하다. 15-20절에 이와 같은 내용이 기록되어 있다.

"만일 발이 이르되 나는 손이 아니니 몸에 붙지 아니하였다 할지라도 이로써 몸에 붙지 아니한 것이 아니요 또 귀가 이르되 나는 눈이 아니니 몸에 붙지 아니하였다 할지라도 이로써 몸에 붙지 아니한 것이 아니니 만일 온 몸이 눈이면 듣는 곳은 어디며 온 몸이 듣는 곳이면 냄새 맡는 곳은 어디냐 그러나 이제 하나님이 그 원하시는 대로 지체를 각각 몸에 두셨으니 만일 다 한 지체뿐이면 몸은 어디냐 이제 지체는 많으나 몸은 하나라."

이 말씀은 우리 몸을 보면 금방 이해할 수 있다. 당신은 귀 하나만 크게 있는 몸을 원하는가? 아마 멀리서도 사람들이 속삭이는 아주 작은 소리까지 다 들을 수 있을 것이다. 하지만 갓난아기가 웃는 모습은 전혀 볼 수 없을 것이다. 맛있는 음식도 먹을 수 없고 갓 구운 빵 냄새도 맡을 수 없다. 산책하러 걸을 수도 없고 애완견을 쓰다듬어 줄 수도 없다.

서로가 필요함

이것을 그리스도의 몸에 적용해 보자. 혹시 이런 생각을 해 본 적이 있는가? '나는 왜 토머스처럼 섬김의 마음이 없을까?', '나는 왜 빌처럼 다른 사람들을 격려하는 권위의 은사가 없을까?', '책상 정리하는 것 도와달라고 하면 스테판처럼 바로 자원하지 못하고 왜 다른 반응을 보이는 걸까?' 우리 모두는 그리스도의 몸 안에서 각자 맡은 역할이 있다. 하나님께서는 몸이 살아갈 수 있도록 우리 각자를 그렇게 디자인하셨다.

계속해서 21절을 보자. "눈이 손더러 내가 너를 쓸 데가 없다 하거나 또한 머리가 발더러 내가 너를 쓸 데가 없다 하지 못하리라." 무슨 뜻인지 알겠는가? 22절에 "그뿐 아니라 더 약하게 보이는 몸의 지체가 도리어 요긴하고"라고 했다. 이 말씀에 수긍할 수 없다면 새끼발가락 없이 걸어 보라. 아니면 새끼손가락 없이 문 손잡이를 돌려 보라.

사도 바울은 이어서 덜 귀히 여기는 것들이 더욱 귀한 것들로 여겨진다고 말씀한다. 덜 귀히 여기는 것들이 어떻게 그 역할을 겸손히 잘 감당하고 있는지 설명하면서, 그래서 다른 귀한 지체들이 특별대우를 받을 필요가 없다고 이야기하는 것이다. "우리의 아름다운 지체는 그럴 필요가 없느니라 오직 하나님이 몸을 고르게 하여 부족한 지체에게 귀중함을 더하사 몸 가운데서 분쟁이 없고 오직 여러 지체가 서로 같이 돌보게 하셨느니라 만일 한 지체가 고통을 받으면 모든 지체가 함께 고통을 받고 한 지체가 영광을 얻으면 모든 지체가 함께 즐거워하느니라" 24-26절.

바로 이것이 교제를 통해서 이뤄진다. 하나님께서는 우리가 홀로 신앙생활 하기를 원하지 않으신다. 다른 성도들과의 관계 속에서, 지체의 몸 안에서 역할을 수행하는 것이 하나님이 바라시는 것이다.

왜 교제가 경건 훈련에 속하는가?

하나님께서는 성공적인 신앙생활에 필요한 모든 것을 어느 한 사람에게 다 주지 않으셨다. 대신 우리에게 다른 지체들을 주셨다. 나도 부족한 면이 있고 옆에 있는 다른 지체에게도 부족한 면이 있다. 이러한 부족함을 우리가 서로 채워 주는 것이 하나님의 계획이다. 하나님이 만드신 창조의 질서이다.

몇 년 전에 아이작이라는 친구가, 자기는 연로하신 어머님께 매일 전화를 한다고 이야기했다. 나는 속으로 나라면 절대 그렇게 못할 거라고 생각했다. 그런데 얼마 후 어머니가 암에 걸려서 나 역시 매일 전화를 했다. 어머님이 돌아가시자 아버님이 굉장히 외로워하셨다. 어머니가 그리웠던 것이다. 왜 그런가? 하나님은 우리가 필요한 것을 모두 다 주지 않으신다. 이것이 하나님의 지혜이다. 하나님은 서로를 우리에게 주셨다. 그래서 나는 매일 아버지에게 전화를 했다.

자기 혼자 온전한 몸을 이루고 있는 사람은 아무도 없다. 우리는 각자 그저 몸의 한 부분일 뿐이다. 그렇지만 몸 전체와 서로를 위해 없어서는 안 될 매우 중요한 지체들이다. 우리는 모두 함께 어우러져 한 몸을 이룬다. 우리는 서로가 필요하다. 함께 모여 각자의 부족함을 채워 주는 것이다.

지금은 주님 곁으로 간 톰 스키너라는 친구가 있다. 그는 생전에 이런 이야기를 자주 했다. "이 세상에서 가장 강력한 힘은 관계입니다." 성도간의 관계는 그리스도의 사랑 위에 세워진 것이기 때문에 매우 독특한 것이다. 어떤 고정 관념이나 장벽을 넘어서는 특별한 관계를 형성하게 한다. 택시를 타고 가거나 비행기로 여행을 할 때 낯선 사람과 이야기를 나눌 수는 있지만 여전히 그 사람과는 거리감이 느껴진다. 그렇지만 상대방이 교회를 다니는 사람이라는 사실을 아는 순간 어떻게 되는가? 즉시 우리는 성도간의 교제를 나누게 된다. 내가 그 사람과 그리스도의 몸의 일부로 연결되어 있기 때문이다.

교제하며 살기

우리 모두 낮은 차원의 교제를 해 보았다. 운동 팀이나 친한 친구들끼리 어울렸을 때가 그렇다. 그렇지만 성경적인 교제는 다르다. 성경 구절을 하나 보겠다. 히브리서 10장 24절에 보면, "서로 돌아보아 사랑과 선행을 격려하며"라는 말이 나온다. 격려한다는 말은 "유발시키다, 도전하다, 영감을 주다."라는 뜻도 있다. 헬라어로는 다른 사람이 사랑하고 선행을 하도록 자극한다는 뜻이다.

하지만 이러한 말씀은 실천하기가 쉽지 않다. 우리가 항상 바르게 사는 것은 아니다. 그래서 결국 우리 모두는 한 걸음 뒤로 물러서게 된다. "나는 이 몸의 일부가 아니야. 나는 자유계약 선수라고. 나만 열심히 하면 되지." 그러다 보면 언젠가는 먼지더미 속에서 메말라 버릴 것이다. 왜냐하면 우리는 서로를 필요로 하는 관계적 존재이기 때문이다.

그래서 다음 구절을 보면, "모이기를 폐하는 어떤 사람들의 습관과 같이 하지 말고 오직 권하여 그 날이 가까움을 볼수록 더욱 그리하자."라고 기록되어 있다. 결국 히브리서 10장 24-25절은 성도간의 교제를 격려하기 위한 말씀이다. 하나님의 계획은 서로를 권면하고 격려하는 것이다.

1. 서로 권면하라

몇 년 전에 성경 공부에 참석하고 있는 한 학생과 이야기를 나눈 적이 있다. 그는 얼마 동안 실직 상태였다. 그래서 일할 수 있는 자리가 없는지 30여 분간 통화했다. 한창 이야기를 나누다가 그 학생이 좌절감 때문에 거의 자포자기 상태라는 사실을 알게 되었다. 아예 면접시험에 가지 않으려고 했다. 적극적으로 새로운 일자리를 찾아나서려는 의지가 보이지 않았다. 나는 이렇게 말했다. "한 가지 물어볼게요. 형제님, 어떻게 하려고 그럽니까? 제가 형제님을 안아 줄까요, 아니면 따끔하게 한 마디 해 줄까요?"

"따끔하게 한 마디 해 주십시오." 그가 솔직히 인정했다.

"형제님이 원한다면 다 맡길 게요. 대신 내일 오후 네 시에 제게 전화해서 면접을 몇 개 약속했는지 알려 주세요."

어떤 때는, 심지어 낙심했을 때도 우리에게 정말로 필요한 것은 따뜻한 위로의 말이 아니라 따끔한 충고나 훈계일 때가 있다. 당신은 예전의 잘못된 습관으로 다시 돌아갔을지도 모른다. 아니면 선택의 기로에 서서 도덕적 딜레마에 빠져 있을 수도 있다. 아내와 일주일 내내 싸웠을 지도 모르겠다. 이런 문제는 누군가에게 솔직히 마음을 열고 문제가 있다는 사실을 인정하지 않는 한 해결될 수 없다. 물론 여기에도 예외가 있겠지만,

대부분의 경우 "아내와 그렇게 다투다니 정말 안타깝네." 하면서 위로를 하는 사람은 별로 필요없다. 오히려 충고나 훈계를 해 줄 수 있는 사람이 필요하다. 성경은 이것 역시 성도간의 교제라고 말씀한다.

2. 서로 격려하라

가끔은 위에서 언급한 대로 따끔한 충고가 필요할 때가 있지만 따뜻한 위로와 격려가 필요할 때도 있다. 격려는 항상 성경적인 교제의 중요한 부분을 차지한다. 이것은 마음의 양식으로, 모든 사람들이 간절히 원하는 것이다. 격려는 의도하지 않은 곳에서 일어나기도 한다.

몇 년 전 아내가 내게 생일 선물을 준 적이 있다. 아내는 내가 그토록 원하는 오토바이는 사 줄 수 없다고 말했다. 대신 화분을 하나 사 주었다. 그러면서 "당신, 이거 할리 데이비슨은 아니지만 대신 할리 덴드라 식물이라고 생각해."

의아해 할지도 모르지만 나는 그 식물을 무척 좋아해서 꽤 오랫동안 정성껏 키웠다. 매일 볼 수 있는 곳에 두고 계속 식물의 상태를 살피면서 정기적으로 물을 주고 잎이 시들해지면 정성껏 돌봐 주었다.

이 '할리 덴드라 식물'은 우리에게 여러 가지 의미가 있다.

생각해 보라. 우리가 시들해지면 우리에게는 격려의 물이 필요하다. 시들 때까지 기다렸다가 물을 주는 것보다 정기적으로 물을 주는 것이 훨씬 더 좋다. 그렇지만 주위에 물을 줄 수 있는 사람이 아무도 없으면 말라 버릴 것이다.

나는 내게 물이 필요하다는 사실을 몰랐다. 한 동역자가 자신의 삶 속에 일어난 하나님의 역사에 대해 간증했다. 나는 그녀가 아버지에게 버림받았다는 이야기를 듣고 깜짝 놀랐다. 그녀는 결손 가정에서 성장했지만 하나님께서 어떻게 자신의 인생을 회복시키시고 모든 것을 선하게 바꾸셨는지 이야기했다.

그녀는 그 때 스물네 살이었다. 당시 내 딸은 스물여섯 살이었고 결혼 준비를 하고 있었다. 그 이야기를 들으면서 하나님의 은혜에 감사하지 않을 수가 없었다. 왜냐하면 하나님의 은혜가 아니었다면 나 역시도 그녀의 아버지와 같이 될 수도 있었다는 사실을 깨달았기 때문이다.

당신은 어떤가? 모든 것을 버리고 그냥 어디론가 떠나 버리려고 한 적이 있는가? 아니면 정말 모든 것을 버리고 떠난 적이 있는가? 하지만 하나님께서 그런 불행한 상황을 구속하시고 그분의 은혜에 대해서 가르쳐 준 적이 있지 않은가?

내 경우는 그랬다. 나는 고등학교를 자퇴했다. 형제 중 한 명은 알코올과 마약 과다 복용으로 사망했고 다른 형제는 현재 알

코올중독 치료를 받고 있으며, 또 다른 형제는 평생을 직장 문제로 괴로워하고 있다.

하나님의 간섭이 없었다면 내 인생이 어떻게 되었으리라는 것은 짐작하고도 남을 것이다. 그렇지만 하나님은 나의 상황을 구속하셨다. 그녀의 이야기를 들으면서 하나님의 은혜와 자비를 생각했다. 나는 물을 마셨고 격려를 받았다. 이것이 바로 성경적인 교제의 또 다른 의미다.

내가 어떻게 예수님의 살아계심을 알겠는가? 바로 당신 안에 계신 그분을 보았기 때문이다. 예수님이 정말로 나를 사랑하신다는 것을 어떻게 알았겠는가? 당신이 내게 사랑을 베풀어 주었기 때문이다. 아무도 완전하지 않다. 그렇지만 우리가 함께 모이면 온전한 몸을 이룬다. 하나님께서는 그분의 지혜로 우리에게 필요한 모든 것을 다 주지 않으셨다. 대신 우리에게 함께 할 수 있는 서로를 주셨다.

교제 훈련 방법

1. 남성 소그룹에서 시작하라

일반적으로 남성들은 관계를 추구하지 않는다. 관계보다는 일이나 책임에 더 관심을 갖는다. 하지만 하나님께서는 다른 성도들과의 관계 속으로 우리를 부르셨다. 그래서 어떤 사람은 큰 결단을 해야 한다. 우리 모두는 의도적으로 다른 남자 성도들과 관계를 형성해야 한다.

당신에게 이런 도전을 주고 싶다. 당신을 믿어 줄 수 있는 남자 성도들과 함께 시간을 보내라. 나는 가끔 친구에게 이런 질문을 한다. "내가 안아 줄까? 아니면 따끔하게 한 마디 해 줄까?" 따끔한 충고 한 마디나 격려의 물 한 잔을 줄 수 있는 친구를 찾아보라. 교회나 직장, 동호회에서 그런 사람을 찾을 수 있을 것이다. 나는 여러 곳에서 그러한 사람들을 찾을 수 있었다. 하지만 찾아 나서기 전에는 그런 사람들을 만날 수 없었다. 그래서 이러한 훈련을 삶 속에서 실천하면서 다른 사람들이 내 삶의 빈 곳을 채울 수 있도록 해야 한다. 당신도 다른 사람들의 빈 곳을 채우라.

2. 남성 소그룹 성경 공부에 참여하라

어떤 사람이 빌리 그레이엄 목사에게 이런 질문을 했다. "목사님께서 대도시에서 대형 교회의 담임목회를 하고 계신다면, 가장 먼저 무엇을 하시겠습니까?" 나는 빌리 그레이엄이 그 도시 전체를 복음화할 수 있도록 먼저 대형 전도 집회 계획을 세울 것이라고 생각했다. 그렇지만 로버트 콜먼은 주님의 전도계획에서 빌리 그레이엄이 다음과 같이 대답했다고 보도했다.

"저는 먼저 매주 두 시간 정도 함께 만날 수 있는 여덟 명 내지 열 명, 열두 명 정도의 남성들로 구성된 소그룹에 참석하겠습니다. 그렇게 한다는 것은 많은 시간과 에너지를 요구하는 것입니다. 저는 거기서 지난 수 년 동안 있었던 저의 모든 것을 함께 나눌 것입니다. 그리고 평신도 사역자들 중 열두 명 정도를 따로 세워 그들이 또 다른 소그룹을 만들어서 가르치게 할 것입니다."[17]

빌리 그레이엄이 생각이 어떠한가? 나쁘지 않다. 나도 이런 방법으로 많은 열매를 거둬 왔다.

3. 교회에서 만나라

늑대는 무리에서 이탈한 양을 노린다. 무리에서 이탈하지 말라. 교회에 등록하지 않았다면 어떻게 해야 하겠는가? 교회에 등록하는 것은 매우 성경적인 것이며, 그렇게 하지 않는 것은 몹시 어리석은 행동이다. 게다가 정기적으로 교회에 출석하게 되면 하나님께서 공동체 안에 허락하신 부요함과 보상을 누리게 될 것이다. 신앙생활을 외롭게 하려고 하지 말라.

경건 훈련 방법

- 어떤 남성 소그룹이 있는지, 주위 사람들에게 물어보라. 그냥 방문할 수 있는 그룹이 있다면 몇 번 참석해 보고 정기적으로 참석할 만한 그룹을 찾으라.
- 세 명 정도의 남자 성도들과 '3주 상호책임 관계 세우기' The Three-Week Accountability Challenge 라는 3주 관계 형성 프로그램에 참석해 보라. 함께할 수 있는 사람 세 명을 택해서 "신뢰의 관계 형성에 관하여"라는 제목의 자료를 읽으라. 자료는 www.maninthemirror.org/spiritualdisciplines에 있다. 그 다음 3주 동안 정기적으로 만난 후 평가를 해 보라. 세 사람 중 계속 만나기를 원하지 않는 사람이 있으면 대신할 수 있는 사람을 찾아서 참석시킨다.

사랑하는 하나님 아버지, 삼위일체의 하나님을 보면서 관계 속에 존재하시는 하나님을 봅니다. 성부, 성자, 성령, 삼위일체의 하나님께서

어떤 교제를 나누고 계실지 생각만 해도 가슴이 벅찹니다. 우리에게 교제의 필요성을 알게 하시고 이 교제의 훈련을 늘 실천하게 하옵소서. 우리가 영적으로 메말라 있을 때에도 이 훈련을 멈추지 않게 하옵소서. 우리가 서로에게 우정의 물 한 잔을 주고 마시게 하셔서 목마르지 않게 하옵소서. 예수님의 이름으로 기도합니다. 아멘.

Review

- 미국삼나무처럼 우리가 함께 서면 훨씬 더 쉽게 강건해질 수 있다.
- 지체 안에 계신 하나님을 보며 하나님의 살아계심을 본다.
- 우리 모두는 그리스도의 몸 안에서 각자 맡은 역할이 다르다. 하나님께서는 우리 각자를 그렇게 디자인하셔서 몸이 살게 하셨다.
- 하나님께서는 지혜로우시게도 성공적인 신앙생활에 필요한 모든 것을 어느 한 사람에게 다 주지 않으셨다. 대신 우리에게 다른 지체들을 주셨다.
- 내가 어떻게 예수님이 살아계심을 알겠는가? 바로 당신 안에 계신 그분을 보았기 때문이다. 예수님이 정말로 나를 사랑하신다는 것을 어떻게 알았겠는가? 당신이 내게 사랑을 베풀어 주었기 때문이다.
- 따끔하게 충고나 훈계의 한 마디를 해 주고 필요할 때 격려의 물 한 잔을 줄 수 있는 친구를 찾아보라.

토론문제

1. 최근에 당신을 격려해 준 사람이 있는가? 그는 어떻게 격려해 줬는가? 그 때 당신의 기분은 어떠했는가?

2. 히브리서 10장 24-25절은 명령문이다. 이 말씀에 대해서 어떻게 생각하는가?

3. 남자 성도들이 진실한 교제를 하는 데 방해가 되는 것은 무엇인가?

4. 당신은 진실한 교제를 얻기 원하는가, 아니면 주기 원하는가? 그 대답에 대한 이유를 설명해 보라.

7
남자, 조언을 구하고 성공을 얻다

Preview

- 남자는 왜 서로에게 상담을 주고받아야 하는가?
- 상담 과정의 여덟 가지 원칙은 무엇인가?

A MAN AND COUNSEL

2001년 초반 내스카^{NASCAR: 미국 개조 자동차 경주 대회} 시즌이 시작되었을 때, 스티브 박은 모든 것이 완벽했다. 그 때 그는 데일 언하트 회사^{Dale Earnhart, Inc.}와 대후원사인 펜조일 회사의 차를 운전했고, 내스카의 13경주 중 최고의 리그로 손꼽히는 넥스텔 컵 시리즈에 출전하게 되었다. 그에게는 절호의 기회였다. 그렇지만 다른 선수들처럼 그 역시 다른 리그에도 참가하고 싶었다. 그는 넥스텔 컵보다 하위 리그인 부쉬 시리즈의 출전을 데일 언하트 회사에 요청했다. 그렇지만 두 후원사 모두 그의 요청을 거절했다. "안 됩니다. 부쉬 시리즈에 참가하는 것은 여러 가지로 위험 부담이 큽니다."

하지만 스티브 박은 끈질기게 요청했고 마침내 허락을 얻어냈다. 스티브는 후에 이렇게 회고했다. "그들이 가장 염려했던 것이 무엇인지 알았습니다. 줄기차게 제게 이야기했던, 만약의 사고가 결국 발생하고 말았습니다."

2001년 9월, 스티브는 사우스캘리포니아의 달링턴 경주로에서 충돌 사고를 낸 이후 내리막길을 걷게 되었다. 그는 사고 발생을 알리는 황색기 아래로 가다가 재출발을 준비하던 차와 충돌했다. 사고는 심각했다. 차는 벽을 들이 받고 멈춰 섰고, 스티브는 심하게 찌그러진 차체에서 구조되기까지 20여 분이나 차 안에 끼여 꼼짝하지 못했다. 구조대원들은 결국 지붕을 뜯어내고서야 그를 꺼낼 수 있었다. 스티브는 뇌진탕을 입고 2001년 시즌을 그대로 접어야 했다. 2001년 초반 그는 강력한 우승 후보였다. 하지만 2002년이 시작될 때 랭킹은 38위까지 추락했다. 그리고 2003년 시즌을 끝으로 자동차 경주를 그만두었다.

스티브 박의 이야기는 다름 아닌 우리의 이야기다. 우리는 어떤 결정을 할 때 다른 사람들의 조언을 무시하고 하나님의 마음이나 계획은 전혀 고려하지 않는다. 그것은 하나님의 뜻을 구하는 것이 아니다. 왜냐하면 이미 우리가 하고 싶은 대로 결정했기 때문이다. 스티브가 소속사와 후원사에 사정했던 것처럼 우리도 다른 사람들이나 하나님께 우리가 하고 싶은 것을 하게 해 달라고 사정할 때가 있다. 신앙의 선배가 다른 조언을 해 주어도 우리는 우리가 하고 싶은 대로 할 때가 많다. 그렇게 우리가 하고 싶은 대로 하게 되면 결과는 불 보듯 뻔하다. 만족의 비결은 다른 데 있지 않다. 우리가 원하는 것을 얻는 것이 아니라 우리가 얻은 것을 원하는 것, 그것이 바로 만족의 비결이다.

지혜로운 조언을 구하고 받아들이는 훈련

도덕적 결정에 관한 조언

지금 당신은 이혼을 결심했을지도 모른다. 나는 지난 30년 동안 남자들을 대상으로 성경 공부를 인도해 왔는데, 해마다 이혼하는 남자들이 몇 명씩 있었다. 물론 있을 수 있는 일이다. 그렇지만 당신도 이와 같은 상황이라면 묻고 싶은 것이 있다. 당신은 그 문제에 대해서 누군가 조언해 주기를 원하는가?

지금 당신은 아내가 아닌 다른 여성과 잘못된 관계를 맺었을지도 모른다. 그래서 그 관계를 정리하려고 할지도 모른다. 이 문제에 대해서 조언을 원하는가?

이러한 것들이 바로 도덕적 결정을 필요로 하는 문제들이다. 한번 결정하면 평생 그 영향을 받는다. 당사자뿐만 아니라 다른 사람들까지 영향을 받는다. 하지만 대부분의 사람들은 이러한 사실을 고려하고 싶어 하지 않는다. 우리가 조금만 더 지혜롭다면 하나님의 뜻을 구할 것이다. 신앙의 선배에게 조언을 구하는 것도 좋은 방법이다.

잠언 15장 22절에 보면, "의논이 없으면 경영이 무너지고 지략이 많으면 경영이 성립하느니라."고 기록되어 있다. 물론 이것은 일반적인 원칙이기 때문에 예외적인 경우에는 해당되지 않는다. 하지만 일반적으로는 의논, 즉 조언을 구하지 않으면 계획이 실패할 수 있고, 좋은 조언을 얻으면 성공한다는 뜻이다.

조언에 관한 성경적 가르침

잠언의 여러 구절이 위와 같은 사실을 강조하고 있다. 다음의 말씀을 읽고 각 구절의 주제를 밑줄 친 부분에 기록해 보라.

- "미련한 자는 자기 행위를 바른 줄로 여기나 지혜로운 자는 권고를 듣느니라" 잠 12:15.

  _____

- "거만한 자는 견책 받기를 좋아하지 아니하며 지혜 있는 자에게로 가지도 아니하느니라" 잠 15:12.

  _____

- "경영은 의논함으로 성취하나니 지략을 베풀고 전쟁할지니라" 잠 20:18.

___

- "너는 전략으로 싸우라 승리는 지략이 많음에 있느니라" 잠 24:6.

___

- "자기의 마음을 믿는 자는 미련한 자요 지혜롭게 행하는 자는 구원을 얻을 자니라" 잠 28:26.

___

조언을 구하는 삶

조언을 구하려면 참으로 겸손해야 한다. 나 혼자서는 모든 문제를 해결할 수 없다는 사실을 인정해야 하기 때문이다. 사실 이것은 자연스럽게 되는 것이 아니기에 우리에게는 의도적인 훈련이 필요하다.

잘못된 결정을 했을 때를 돌아보면 거기에 내 어리석음과 다른 사람에게 조언을 구하지 못한 행동 사이에 상관관계가 있다는 것을 알 수 있다. 우리 모두 무언가 중요한 결정을 해야 할 때가 있다. 그런데 일반적으로 우리는 어느 한 관점에서만 문제를 바라보는 경향이 있다. 심지어 우리가 원하는 방향대로만 바라보기도 한다.

2년 전 어느 날, 한 남자 성도와 점심식사를 같이 한 적이 있다. 점심을 먹으면서 그는 내게 한 가지 조언을 구했다. "제가 집을 담보로 대출을 받고 저축해 둔 돈과 합쳐서 새로운 사업에 투자해 보려고 합니다. 어떻게 생각하세요?"

나는 "글쎄, 제 의견을 정말 듣고 싶으세요? 그런 것 같지 않은데요. 이미 하고 싶은 대로 결정을 다 하신 것 같고, 제가 뭐라고 이야기하든지 계획대로 하실 것 같은데요." 하고 대답했다.

내 말이 맞았다. 2년 후 그와 다시 점심식사를 했을 때, 그는 사업 실패로 투자한 돈과 주택까지 모두 다 날린 상태였다. 물론 그가 집을 담보로 새로운 사업을 시작한 것 자체가 잘못이라고 말할 수 있다. 하지만 이러한 일은 누구에게나 발생할 수 있다. 진짜 문제는 자기기만이다.

당대 최고의 웅변가였던 데모스테네스는 "자기기만보다 더 쉬운 것은 없습니다. 원하는 것이 무엇이든 사실로 믿기만 하면 되기 때문입니다." 자기기만에서 자유로운 사람은 아무도 없다. 나만은 자기기만에 빠지지 않는다고 말한다면 그것이야말로 최고의 자기기만이다.

히브리서 3장 13절을 보라. "오직 오늘이라 일컫는 동안에 매일 피차 권면하여 너희 중에 누구든지 죄의 유혹으로 완고하게 되지 않도록 하라." 지난 장에서 말했듯이 하나님께서는 한 사람에게 모든 것을 다 허락하시지는 않는다. 그것이 바로 하나님의 지혜이다. 대신 하나님께서는 우리에게 이웃이라는 선물을 주셨다. 조언 역시도 이러한 선물의 일부이다. 조언이란 교제에서 흘러나오는 것이다.

히브리서 말씀을 다시 보자. "오직 오늘이라 일컫는 동안에 매일 피차 권면하여 너희 중에 누구든지 죄의 유혹으로 완고하게 되지 않도록 하라." 그런데 문제는 이미 결정을 해 버리고 나면 다시 그것을 고치기가 힘들다는 것이다. 우리가 다른 사람에게 조언을 구하지 않는 이유는 우리 스스로가 조언을 원치 않기 때문이다. 우리 귀에 들리는 이야기가 마음에 들지 않기 때문에 조언에 따르지 않는 것이다.

대부분의 사람들은 조언을 원치 않는다. 허락을 원할 뿐이다. 이미 자기가 하고 싶은 것을 결정한 다음에 그 결정을 다른 사람들이 지지해 주고 확신 주기를 원하는 것이다. 스티브 박이 그랬고 우리 역시 그렇다. 조언을 구하는 경건 훈련을 실천하기 위해서는 먼저 우리 마음을 다스릴 필요가 있다. 스스로에게 물어보라. "나는 정말로 지혜로운 결정을 하고 싶은가, 아니면 그냥 내가 하고 싶은 대로 하기 원하는가?"

조언을 구하는 방법

성경은 분명히 다른 사람들에게 조언을 구하라고 말씀하지만 잘못된 사람들에게 조언을 구해서 비극적인 결과를 맞이한 인물들에 대해서도 말씀한다. 예를 들면 르호보암이 아버지 솔로몬을 모셨던 원로들의 지혜로운 조언을 거절하고 어린 시절에 함께 자란 젊은 신하들의 어리석은 조언을 따른 일이다.

그렇다면 어떻게 조언을 구해야 할까? 신학자들의 토론 주제 중에 '죄의 지적 영향력'이라는 개념이 있다. 이것은 죄가 우리 생각에 어떤 영향력을 끼치는가를 말하는 것이다. 신학자들은 아담과 이브가 죄를 지었을 때 몸과 마음뿐만 아니라 그들의 생각까지도 죄의 영향을 받았다고 말한다. 사도 바울은 이렇게 말했다. "우리가 지금은 거울로 보는 것 같이 희미하나 그 때에는 얼굴과 얼굴을 대하여 볼 것이요 지금은 내가 부분적으로 아나 그 때에는 주께서 나를 아신 것 같이 내가 온전히 알리라"고전 13:12. 우리 생각은 제한적이다. 완전하지 않다. 그래서 조언이 필요한 것이다.

지금 갈림길에서 어디로 가야 할지 몰라 서성이고 있는가? 계속 가야 할지, 아니면 되돌아가야 할지 모르겠는가? 여기에 하나님께 조언을 구할 수 있는 여덟 가지 실제적인 지침을 소개한다.

1. 어떤 일을 결정한다는 것은 두 가지 영역 중 하나를 택하는 것이다

모든 결정은 도덕적 결정과 우선권 결정 중 하나이다. 도덕적 결정이란 옳고 그름의 문제이다. 혹시 누가 다음과 같은 질문을 하고 있다면, 도덕적 결정을 내려야 한다는 것을 의미한다.

"세금 신고할 때 조금만 적게 신고하는 게 정말 나쁜 겁니까?"
"들키지만 않으면 아내 외의 다른 여성과 사귀어도 괜찮지 않습니까?"
"내 이력서를 조금 속인다고 누가 피해를 보겠습니까?"

우선권의 문제는 옳은 것과 옳은 것 사이에서 선택하는 것이다. 두 가지 예를 들어 보겠다.

"이 주식을 살까, 아니면 다른 주식을 살까?"

"어떤 차를 살까?"

도덕적 문제에 대해서 조언을 구한다면 도덕적 권위와 지식을 갖춘 사람을 찾아가야 한다. 그 사람은 성경 말씀을 잘 아는 사람이어야 한다. 그렇지만 만약 우선권의 문제라면 꼭 그렇게 할 필요는 없다. 중고차를 사려면 목사님이나 성경 공부 리더에게 갈 필요가 없다. 목사님이나 성경 공부 리더가 정말로 중고차 지식이 풍부하지 않는 한 말이다.

2. 내가 이미 결정한 것은 아닌지 자문해 보라

이미 어떤 결정을 내렸다면 결정하지 않았을 때와는 다른 방법으로 조언을 구해야 한다. 자신의 결정을 임시적인 것으로 여기고, 다른 사람에게 조언을 구하는 것이 아니라 확인을 해야 하는 것이다. 하지만 결정 후에도 그 다음 어떻게 해야 할지 모르겠다면, 다른 사람의 조언에 마음을 열고 귀담아 들을 줄 알아야 한다.

3. 인간의 지혜와 하나님의 지혜를 분별하라

하나님의 지혜는 성경 안에 있다. 그리고 그 지혜는 우리에게 성령을 통해 전해진다. 변호사나 전문 상담가, 목회자, 인생 선배가 조언을 해 줄 수 있지만 그것이 단순한 인간의 지혜인지 하나님의 지혜인지를 분별하는 것은 결국 각자의 몫이다.

나는 생각이 많은 사람이다. 팝콘 기계가 계속해서 팝콘을 튀겨 내는 것처럼 아이디어가 샘솟는다. 하지만 문제는 거의 다 별 영양가가 없다는 것이다. 돌이켜보면 그 아이디어들 대부분이 인간의 지혜였지 하나님의 지혜는 아니었다.

그래서 화요일 오전마다 열리는 회의석상에서 "우리가 이것도 해야 하고 저것도 해야 하고…." 하는 식으로 생각들을 쏟아 붓지 않는다. 대신 "지난주에 이런 것들을 좀 생각해 봤습니다. 혹시 이 중에 우리가 실행에 옮기면 좋은 것이 있습니까?"라고 묻는다. 그리고 회의에 참석한 직원들과 함께 의논을 한다. 조언을 구하는 것이다. 내가 더 많이 아니까 "내가 말한 대로 하면 됩니다." 하고 말하지 않는다.

4. 맞춤식 조언을 구하라

지금 필요한 것이 이성의 음성인지 열정의 음성인지 생각해 보라. 도덕적 결정의 문제라면 이미 무엇이 옳은지 다 알고 있기 때문에 이성의 음성이 필요하지 않다. 열정의 음성이 필요하다. 올바른 일을 실제로 할 수 있도록 마음을 움직이고 격려해 줄 수 있는 사람이 필요한 것이다. "형제님, 할 수 있어요. 분명히 그렇게 될 겁니다."라고 말해 줄 수 있는 사람이 필요한 것이다.

그런데 어떤 때는 무엇을 어떻게 해야 할지 모를 때가 있다. 그럴 때는 이성의 음성이 필요하다. 자신이 현재 어떤 상황 가운데 있는지 안다면 누구에게 조언을 구해야 할지도 분명하게 알 수 있다.

5. 속전속결 조언은 경계하라

어떤 사람이 문제를 놓고 몇 개월 동안 고민을 했다고 가정해 보자. 그리고 누구에겐가 조언을 구하고 싶어서 찾아갔다. 서너 마디 이야기하고 나니 마음은 좀 편안해진 것 같다. 그런데 그 때 상대방이 갑자기 말을 가로채며 "어떻게 해야 할지 제가 가르쳐 드릴게요." 하고 말한다.

이렇게 정형화된 해결책을 제시하는 상담가 중심의 조언자가 너무도 많다. 상대방의 입장에서 생각하지 않기 때문에 그 문제에 대해서 충분히 생각해 보지도 않은 채 수학 공식 같은 이야기를 해 주는 경우가 많다는 것이다. 진정으로 경청해 줄 수 있는 사람을 찾으라. 해야 할 일을 바로 이야기해 주는 사람이 아니라, 오히려 질문을 던져 줌으로써 조언을 구한 사람이 스스로 해결책을 찾도록 도와줄 수 있는 사람을 찾으라.

6. 사람들은 다들 바쁘다는 사실을 기억하라

사람들은 모두 나름대로 바쁘다. 고용주는 고용주대로, 회사원은 회사원대로 각자 할 일이 많다. 따라서 누군가에게 조언을 구할 때는 그 사람이 정말로 나를 위하는 마음이 있는지, 아니면 단순히 결과에만 관심이 있는지 살펴보아야 한다. 예를 들어, 내 결정에 따라 이해관계가 달라질 수 있는 사람에게 객관적인 조언을 기대한다는 것은 상당히 어리석은 일이다. 물론 반드시 그 사람의 조언이 나쁘다는 것은 아니다. 그럴 때는 다른 사람의 조언을 한 번 더 구하는 것이 좋다.

7. 폭발하거나 불쾌해하거나 실망하지 말라

나쁜 조언을 받을 수 있는 최선의 길이 무엇인가? 좋은 조언을 거절하는 것이다. 구약성경에 보면 아합 왕의 신하들은 끔찍한 간언을 많이 했다. 왕이 싫어하는 말을 하면 목숨을 잃거나 감옥에 갇히기 때문이다. 어떤 경우에도 상대방의 충고나 조언을 듣고 화를 내면 안 된다. 최근에 한 장기 후원자가 내 의견에 강력히 반대하면서 구하지도 않았던 충고까지 하는 일이 있었다. 나는 즉시 반박하기보다 다른 리더들과 함께 의논하는 것이 좋겠다고 생각했다. "우리가 혹시 배워야 할 점이 있나요? 어떻게 반응하는 것이 신앙적으로 올바른 것일까요?"

솔직하고 사려 깊은 조언을 원한다면 어떤 조언이나 충고도, 심지어는 부정적인 비판도 받아들일 수 있어야 한다.

8. 평안이 기준이다

조언을 듣고 보니 그 조언이 옳다는 생각이 들고, 무엇보다 마음이 평안해진다면 그것이 참된 조언이다. 하나님이 주신 지혜는 당신을 평안의 자리로 인도한다.

어떤 상황에 처해 있더라도 하나님의 지혜를 구하라. 우선권의 문제로, 도덕적 문제로 조언을 구하고 있는가? 그렇다면 신뢰할 만한 사람을 찾아가라. 그에게 마음을 열고 솔직하게 조언을 구하라. 잠언 15장 22절을 기억하라. "의논이 없으면 경영이 무너지고 지략이 많으면 경영이 성립하느니라." 나중에라도 어려운 순간이 오면 이 장을 다시 읽어 보기 바란다.

하나님 아버지, 우리에게 여러 지체를 허락해 주셔서 감사합니다. 우리 모두는 다 자기기만에 빠질 수 있는 사람들입니다. 서로에게 조언을 구할 수 있는 겸손함을 허락해 주시옵소서. 서로에게 조언을 구하는 것이 자기기만에 빠지지 않는 방법임을 깨닫게 해 주시옵소서. 실패를 원하는 사람은 아무도 없습니다. 조언을 구함으로써 하나님의 음성을 들을 수 있게 해 주옵소서. 조언을 구하는 것이 얼마나 소중한 것인지 깨닫게 해 주시고 나아가 우리도 다른 사람들을 위해 조언할 수 있는 자로 세워 주시옵소서. 예수님의 이름으로 기도합니다. 아멘.

Review

- 이미 우리가 하고 싶은 대로 결정한 것은 하나님의 뜻을 구하는 것이 아니다.
- 대부분의 사람들은 조언을 원치 않는다. 허락을 원할 뿐이다.
- 하고 싶은 대로만 하면 결과는 불 보듯 뻔하다.
- 조언을 구하려면 참으로 겸손해야 한다. 혼자서는 모든 문제를 해결할 수 없다는 사실을 인정해야 한다.
- 모든 결정은 도덕적 결정과 우선권 결정 중 하나이다.
- 인간의 지혜와 하나님의 지혜를 분별하라.
- 속전속결 조언을 경계하라.
- 평안이 기준이다.

토론 문제

1. 아래 두 가지 중 한 가지에 대해 이야기해 보자.

- 다른 사람에게 조언을 구하지 않아서 실패했던 경험
- 지혜로운 조언으로 성공했던 경험

2. 잠언 15장 22절, 20장 18절, 20장 5절, 히브리서 13장 10절에 의하면, 조언을 구함으로써 해결할 수 있는 문제는 무엇인가?

3. 이 장에서 조언을 구하는 여덟 가지 구체적인 방법을 알아보았다. 그 중에 내가 가장 귀담아 들어야 할 내용은 무엇인가?

4. 지금 조언이 필요한가? 최고의 조언을 해 줄 수 있는 사람은 누구인가?

8
남자,
금식으로 영혼을 살찌우다

Preview

- 금식 기도가 중요한 경건 훈련인 이유는 무엇인가?
- 금식 기도의 목적과 유익은 무엇인가?
- 하나님께 대한 사랑의 표현으로 금식 기도를 하고자 하는 사람들을 위한 구체적인 지침은 무엇인가?

내 출근길에는 마트가 세 군데 있고, 패스트푸드 음식점은 최소 열한 곳, 피자집 두 곳, 배달 전문 중국 음식점 두 곳, 아이스크림 가게 한 곳, 그리고 늘 홍보용 배너를 세워 두는 편의점 두 곳이 있다. 우리는 지금 일회용 문화와 편의점 문화 속에 산다. 특히 음식에 있어서 더 그렇다. 요즘 자기를 부인하라는 성경의 메시지를 귀담아 듣고자 하는 청중은 그다지 많지 않다. 자신에게 "이건 안 돼."라는 말을 잘 하지 못하는 것이다.

    이러한 이유 때문에 금식 기도가 경건 훈련에 포함된다. 자연스럽게 이뤄지는 것이 아니기 때문에 성경은 이것을 훈련이라고 말한다. 사실 금식은 초신자를 대상으로 한다고 볼 수 없다. "새가족 여러분, 교회에 잘 적응하시려면 2년 코스의 헬라어 원어 성경 공부와 40일 금식 기도에 동참하셔야 합니다." 새

가족 교육 시간에 누가 이런 식으로 말하겠는가?

사실 금식 기도 역시 다른 경건 훈련과 마찬가지로 하나님께 더 많은 인정과 사랑을 받기 위해서 하는 것이 아니다. 금식 기도는 이런 것을 보장해 주지 않는다. 교회에서 좀 더 높은 지위를 가져다주는 것도 아니다. 단지 금식 기도는 경건생활을 방해하는 것들을 제거해 주고 하나님과의 관계, 그리고 하나님의 뜻에 더 집중할 수 있도록 도와주는 도구이다. 우리 몸이 생리적인 욕구를 절제하면 오히려 우리 영은 더욱더 강건해질 수 있다. 마치 음식물 소화가 끝나고 나면 피가 더 이상 한 곳에 집중할 필요가 없기 때문에 정신 기능이 더 날카롭게 상승하는 것과 같은 이치다.

어떤 사람에게는 이러한 금식 기도가 정말 원하던 훈련일 수도 있다. 그동안 주님과 좀 더 깊은 관계를 갈망해 오고 있었는데, 어떻게 하면 거룩하신 하나님 앞에 겸손하게 엎드릴 수 있을까? 어떻게 하면 하나님의 지혜를 얻어서 이 어려운 문제를 해결할 수 있을까? 어떻게 하면 이 어려운 상황 속에서도 마음의 평안을 누릴 수 있을까? 성경을 읽고 기도를 수없이 해도 여전히 뭔가 부족하다고 느꼈다면 금식 기도가 해답이 될 수 있다.

금식 기도를 한번도 생각해 보지 않은 사람도 이 장을 읽고 나면 금식 기도를 하고 싶어질 것이다.

금식 일 년 계획표

21세기를 사는 그리스도인들은 금식 기도가 현대 문화와는 상치되어도 성경의 가르침과는 상치되지 않는다는 사실을 기억해야 한다. 성경에는 모세와 다윗, 느헤미야, 에스라, 다니엘, 예레미야, 이사야 그리고 심지어 예수님까지 공생애 시작 전에 40일을 금식하셨다. 수많은 남자들이 금식했다고 기록되어 있다. 성경이나 다른 문헌을 보면 예수님 당시에 금식 기도는 아주 흔한 일이었다.

사도행전을 보면 초대 교회에서 금식 기도를 정기적으로 행했다는 사실을 알 수 있다행 10:30, 13:2-3, 14:23. 사도 바울 역시 금식의 경험을 이야기했고고후 11:27, 기독교 역사를 살펴보더라도 마르틴 루터, 존 칼뱅, 존 녹스, 존 웨슬리, 조나단 에드워즈, 찰스 피니 등 수많은 영적 지도자들이 금식 기도의 중요성을 인식하고 이를 실천했다.

그런데 왜 요즘 성도들은 금식 기도를 하지 않는가? 중세 교회는 상당히 금욕적이고 수도원적인 삶을 원했다. 따라서 오늘날의 금식을 회피하는 경향은 바로 이러한 과거에 대한 반발이라고 할 수 있다. 또한 지금은 모든 것이 풍족한 시대이기 때문에 그런 자기부인의 훈련이 달갑지 않다. 그렇지만 금식 기도는 우리가 고난과 환난에 빠졌을 때 어디에 초점을 맞춰야 하는지 분명하게 지시한다. 그 대표적인 예가 2001년에 일어난 9·11 테러 사건이다. 이 사건 이후 갑자기 미국 전역은 영적 문제에 관심을 가졌다.

미국의 과거 역사를 살펴보아도, 이미 오래 전에 금식 기도가 행해졌다는 기록을 찾아볼 수 있다. 남북전쟁을 생각해 보라. 남북 전쟁은 36만 4,000명의 목숨을 앗아갔다. 100명당 한 명이 죽은 셈이다. 전쟁 중 에이브러햄 링컨 대통령과 제퍼슨 데이비스, 두 대통령은 모두 금식 기도 주간을 선포했었다. 그리고 1865년, 전쟁이 끝나면서 미국 역사상 가장 끔찍했던 노예 제도 역시 종지부를 찍었다. 노예 제도 폐지에 금식 기도가 영향을 끼쳤다는 것은 의심의 여지가 없다.

그 후 금식 기도는 자취를 감추었다. 빌 브라이트와 다른 많은 영적 지도자들은 1861년부터 1954년까지 금식 기도를 주제로 쓴 책이 단 한 권도 없다고 지적했다. 드디어 1994년 7월 5일, 대학생 선교회 C. C. C.의 창설자인 빌 브라이트가 하나님의 인도하심을 느끼고 40일 금식 기도를 실시했다.

나는 당시 대학생 선교회 이사로서 그와 많은 일을 했고, 40일 금식 기도 기간 중에도 자주 만났다. 금식을 마친 빌 브라이트는 전 세계를 상대로 금식 기도 운동을 벌였다. 빌 브라이트는 이 금식 기도 운동에 전 세계적으로 약 200만 명의 성도들이 동참했다고 발표했다.

금식해야 할 때

이미 언급했듯이 금식은 예수님 당시에는 지금보다 더 흔한 일이었다. 예수님은 공생애 시작 전에 40일간 금식하셨다 마 4:1-3. 하지만 어떤 때는 금식을 하지 않기로 결정하시기도 했다. 그래서 당시 종교 지도자들은 그분의 영성에 의문을 품었다. 그리고 어느 날 예수님에게, "요한의 제자는 자주 금식하며 기도하고 바리새인의 제자들도 또한 그리하되."눅 5:33라고 말했다. 이 말씀은 금식이 보편적이었던 당시에 예수님의 제자들이 계속해서 먹고 마시기만 한 것을 언급한 것이다.

다른 말로 하면, "당신은 왜 금식을 하지 않습니까?"라는 말이다. 이에 대해 예수님은 "혼인 집 손님들이 신랑과 함께 있을 때에 너희가 그 손님으로 금식하게 할 수 있느냐."라고 반문하시면서, "그러나 그 날에 이르러 그들이 신랑을 빼앗기리니 그 날에는 금식할 것이니라."고 대답하셨다. 이 말을 풀어 보면 결국 예수님은 "금식할 때가 있는가 하면 금식을 안 할 때도 있는 것이다."라고 말씀하신 것이다. 이제는 우리가 금식할 때이다.

금식의 목적과 유익

금식이란 하나님께 더 집중하기 위해 평상시 하던 것들을 포기하는 것이다. 또한 금식은 하나님 앞에 아픈 마음을 토하거나 죄를 회개하는 데 좋은 방법이기도 하다. 어떤 때는 남성들이 어찌할 수 없는 상황 속에서 비겁한 행동을 저지르고 스스로를 용서하지 못하는 일이 발생한다.

금식은 겸손함을 표현하는 것이기 때문에, 진정한 참회를 불러 온다. 또한 금식을 통해서 늘 전적인 순종을 요구하시는 하나님이 한없는 자비와 긍휼로 우리를 감싸 주신다는 사실을 깨닫게 된다. 습관적인 죄가 있다면 금식이 그 죄를 끊을 수 있도록 도와준다. 교만이나 분노의 문제로 갈등하고 있다면, 금식은 하나님 앞에서 겸손을 표현하는 방법이 된다.

금식의 가장 보편적인 방법은 음식을 먹지 않는 것이다. 어떤 경우에는 물도 안 마시고, 한 끼만 금식하기도 하며, 특정 음식만 안 먹는 경우도 있다. 외식을 중단하거나 음식이 아닌 영화나 텔레비전을 안 보는 경우도 있다. 금식을 통해 육체적인 욕구를 채우는 데 덜 집중함으로써 영적으로는 더 충만해지는 것이다.

이 외에도 금식에는 많은 유익이 있다.

1. **금식은 기도 생활에 힘을 불어넣어 준다.** 마태복음과 마가복음에 보면, 한 아버지가 귀신 들린 아들을 예수님께 데리고 온 이야기가 있다. 제자들은 아무리 해도 귀신을 쫓아낼 수 없었지만 예수님은 말하지 못하고 듣지 못하는 귀신을 쫓아내시고 아이를 회복시키셨다. 제자들이 왜 자신들은 귀신을 쫓아내지 못했는지 묻자 예수님은 이렇게 대답하셨다. "이르시되 기도와 금식 외에 다른 것으로는 이런 종류가 나갈 수 없느니라 하시니라" 킹 제임스 성경, 마 17:21; 막 9:29. 금식은 기도의 능력을 더해 준다.

2. **금식은 하나님의 음성을 듣고 그분의 인도를 받는 데 도움이 된다.** 어려운 결정을 해야 할 때가 있다. 직원을 해고해야 하거나 병의 치료법을 결정해야 할 때도 있다. 어린 자녀를 어떻게 훈육해야 할지 고민할 수도 있다. 하지만 어떤 경우든

양자택일을 해야 하는 경우는 거의 없다. 무엇을 결정하든지 긍정적인 결과와 부정적인 결과 모두 발생한다. 또 어떤 때는 지혜가 참 부족하다고 느낄 때도 있다. 그럴 때 금식은 하나님의 인도하심을 받을 수 있는 좋은 방법이 된다.

3. 금식은 갈등을 해결해 준다. 하나님과의 관계를 방해하는 것들은 매우 다양하다. 내게 하나님의 관계를 방해하는 것은 바로 일이다. 나는 사실 일중독에 가깝다. 생산적인 결과와 창의적 활동을 좋아한다. 그래서 탈진할 때까지 일거리를 손에서 놓지 않을 때가 있다. 그러나 금식이야말로 쉬지 않고 돌아가는 엔진을 멈추게 하고 다시 예수님께 집중할 수 있도록 해 준다.

4. 금식은 하나님께 사랑을 표현하는 실질적인 방법이다. 주님을 위해 아무런 희생도 하지 않고서 과연 우리가 하나님을 사랑한다고 확신할 수 있는가? 우리는 금식을 통해 주님을 위한 헌신과 희생을 보여 줄 수 있다. 그래서 금식을 경건 훈련에 포함시켜서 육신의 필요를 채우는 것보다 하나님을 향한 사랑이 더 중요하다는 사실을 보여 줄 수 있다. 바로 예수님께서 사탄에게 하신 다음과 같은 말씀을 삶 속에서 실천하도록 돕는 것이다. "사람이 떡으로만 살 것이 아니라" 눅 4:4; 신 8:3.

나의 금식

테드 바이워터라는 친구가 있다. 이 친구의 권유로 처음으로 금식을 하게 되었다. 1980년대였다. 그리고 그 이후 금식은 내 경건 훈련 중 하나로 자리 잡았다.

그 때가 월요일 오후 2시였다. 점심을 먹고 나서 사무실에 돌아왔을 때 피곤이 엄습해 왔다. 지난 수개월 동안 나는 주님의 뜻을 구하고 있었다. 감정 상태가 불안정하던 때이다. 더 이상 이 문제로 견딜 수 없을 것만 같았다.

그래서 테드와 통화를 하면서 믿음으로 금식을 결정했다. 하나님께서 내 금식 기도를 긍휼히 여기셔서 하나님의 뜻과 목적과 계획을 분명히 보여 주시리라 믿었다. 그 때는 언제까지 금식을 하겠다고 정하지도 않았고, 사실 주님께 내가 무엇을 간구하고 있는지도 정확하게 알지 못했다. 분명한 것은 이 상태로는 더 이상 안 된다는 것뿐이었다. 그래서 하나님께서 응답하실 때까지 금식하겠다고 결정했다.

아내에게 전화를 해서 내 결정을 이야기했다. 아내는 언제나 하나님의 음성에 귀를 잘 기울이는 사람이다. 아내는 내 결정을 존중해 주었고, 그런 아내의 태도가 금식이 하나님의 뜻이라는 확신을 갖게 해 주었다.

아마 나흘 정도 금식한 것 같다. 기도 후에 변한 것은 내 마음 이외에는 아무 것도 없었다. 그 당시 나는 발에 무거운 납덩어리를 달고 새장 안에 갇혀 있는 불쌍한 한 마리 새 같았다. 그렇지만 금식 후에 하나님께서 그 납덩어리를 가져가시고 내 앞에 새로운 문을 활짝 열어 놓으신 것 같은 느낌을 받았다. 당시 나를 둘러싼 상황은 하나도 변한 것이 없었다. 하지만 나는 하늘을 나는 기분이었다.

1985년, 한 친구가 치료가 안 되는 B형 간염에 걸렸다. 1989년, 여러 이유로 그의 삶이 무너지고 있었다. 나는 그 친구가 완전히 회복될 때까지 일주일에 하루 온전히 그 친구를 위해서 금식하기로 했다. 저녁에 시작해서 다음날 점심까지 꼬박 세 끼를 금식하고 저녁부터 식사를 했다. 오후가 되면 무척 피곤했고 가끔은 10분이나 20분 정도 낮잠을 청했지만 일상 업무는 정상적으로 소화했다. 그렇게 40주를 했다.

물론 다른 사람들도 그 친구를 위해서 기도했기 때문에 그 친구와 나 사이에 어떤 직접적인 연관성을 짓기는 힘들지만 그 친구는 완전히 회복되었다.

1994년 12월, 빌 브라이트는 특별 금식일을 정하고 올랜드에서 지도자 콘퍼런스를 개최하였다. 나는 그곳에서 600여 명의 참석자들과 함께 금식을 했고, 빌 브라이트가 제안한 대로

40일 금식을 결정했다. 주스 만드는 기계를 구입하고 금식을 시작했다. 일주일이 지나자 식욕이 완전히 사라졌다. 그렇지만 열흘 정도 지나자 더 이상 견디기가 힘들어졌다. 하루하루가 너무 힘들었다. 그리고 2주째 되는 날 금식을 포기했다. "나한테는 40일 금식이 무리다."라는 것이 결론이었다.

그리고 얼마 후에 우리 사역에 새로운 인도하심이 필요하다는 것을 느끼고 일일 금식 기도를 실시했다. 그 때 나를 포함해 다섯 명이 함께 했는데 네 명 모두 금식 기도를 전혀 해 본 경험이 없다는 것을 알고 놀랐다. 그 때가 1995년이었는데, 그 이후 지금까지 우리 사역은 수백만의 남성들에게 큰 영향을 주고 있다. 사역이 부흥할 때마다 그 금식 기도를 떠올린다. 금식을 통해 영적 능력이 더해졌고 10여 년이 지난 지금까지도 그 결과를 누리고 있는 것이다.

1995년부터 2005년까지 일주일에 하루는 꼭 금식을 했다. 전날 저녁부터 다음날 점심까지 꼬박 24시간 금식을 했다. 장기간이 아니었기 때문에 일상 업무를 다 소화하면서 해낼 수 있었다.

하지만 현재는 금식을 하지 않는다. 2004년 후반부터 취미로 자동차 경주를 시작했는데, 자동차 경주를 위해서는 지구력이 필요하다는 사실을 알고 2005년 초반부터 매일 한 시간씩 운동을 하기 시작했다. 이런 일정 속에서 금식은 무리라고 판단하고 그만두었다. 그렇다고 하나님과의 관계가 멀어진 것은 아니다. 앞으로 분명히 금식은 다시 하게 될 것이다. 물론 규칙적으로 할지는 아직 잘 모르겠지만, 어쨌든 지금은 금식이 아닌 다른 방법으로 하나님께 헌신을 표현하고 있다. 금식을 하면 더 좋은 사람이 된다고 생각하지 않는다. 마찬가지로 금식을 하지 않는다고 해서 더 나쁜 사람이 되는 것은 아니다.

금식의 훈련을 위한 제안

태도

성경은 금식 기도가 아주 중요한 경건 훈련이라고 말하고 있을 뿐만 아니라, 금식을 실시하는 사람들에게 필요한 바람직한 태도에 대해서도 몇 가지 지침을 준다.

마태복음 6장 16-17절 예수님께서 "금식할 때에 너희는 외식하는 자들과 같이 슬픈 기색을 보이지 말라 그들은 금식하는 것을 사람에게 보이려고 얼굴을 흉하게 하느니라 내가 진실로 너희에게 이르노니 그들은 자기 상을 이미 받았느니라 너는 금식할 때에 머리에 기름을 바르고 얼굴을 씻으라."고 말씀하셨다.

금식하는 것을 다른 사람들에게 알려서 칭찬을 받으려는 태도에 대해서 경고하신 것이다. 계속되는 구절에서 예수님은 제자들에게 이렇게 말씀하셨다. "이는 금식하는 자로 사람에게 보이지 않고 오직 은밀한 중에 계신 네 아버지께 보이게 하려 함이라 은밀한 중에 보시는 네 아버지께서 갚으시리라." 이것은 "옷을 잘 입고 출근해서 일상 업무를 보라. 수염을 깎고 평소와 똑같은 모습으로 지내라."는 말과 같은 뜻이다.

그렇다고 금식한다는 것을 아무에게도 알리지 말라는 뜻이 아니다. 예를 들면, 내가 금식하는 것을 아내는 알아야 한다. 아내가 정성껏 식사를 준비했는데 내가 갑자기, "미안해, 여보. 먹을 수 없어." 하고 말한다면 아내가 얼마나 당황하겠는가.

아내는 "왜요?" 하고 물을 것이다.

내가 이렇게 대답한다면 어떻게 되겠는가? "말해 줄 수 없어요. 비밀이거든."

금식을 위한 준비

사나흘 금식을 한다면 사전에 미리 준비할 필요가 있다. 예를 들어 커피 같은 카페인 섭취를 끊고 그로 인한 신체 변화에 대처하라. 그리고 평상시 하던 운동도 계속해서는 안 된다. 하루 이상 금식하려면 심한 운동 대신 가벼운 산책이 적당할 것이다.

금식이 시작되면 보통 식사하던 시간에 성경을 읽거나 기도를 하라. 물론 여기에는 어떤 공식이 없다. 전에 금식을 해 본 적이 없다면 일단 한 끼 금식을 해 보라. 하루 일과에 따라 평일이나 주말 중 언제 금식할지 잘 생각해 보라.

금식의 신체적 측면

어떤 사람은 아무 것도 안 먹고 물만 마시기도 한다. 또 어떤 사람은 주스 같은 것을 마시면서 몸 안에 포도당과 열량을 공급하기도 한다. 나는 주스 반 잔과 물 반 잔을 섞어 마신다. 성인병이 있다거나 기타 이유로 음식을 조절해야 하는 사람은 자신의 건강 상태를 반드시 고려해야 한다. 예를 들어, 당뇨병이나 고혈압 환자는 금식을 시작하기 전에 반드시 의사와 상의해야 한다. 또 금식 기간 중에 몸이 피곤하면 낮잠을 자는 것이 지혜로운 방법이다.

희생

중요한 것은 금식을 통해서 하나님께 칭찬을 듣자는 것이 아니다. 금식은 우리가 하나님을 얼마나 사랑하는지, 그리고 우리가 거룩한 삶을 얼마나 간절히 소원하는지 실질적으로 표현하는 것이다. 다시 말하지만 우리가 주님을 위해 그 어떤 것도 희생하지 않는다면, 우리가 그분을 사랑한다는 것을 하나님께서 어떻게 아시겠는가. 우리 자신 역시 어떻게 확신할 수 있겠는가? 금식은 바로 그러한 희생을 실천할 수 있는 매우 중요한 훈련이다.

금식은 신체적 욕구를 희생함으로써 영적 욕구를 채울 수 있는 소중한 기회이다. 예수님께서 다음과 같이 약속하신 말씀이 얼마나 소중한지도 알 수 있게 된다. "의에 주리고 목마른 자는 복이 있나니 그들이 배부를 것임이요" 마 5:6

하나님 아버지, 금식 훈련을 허락하셔서 감사합니다. 성경에 있으나 사람들이 행하지 않는다고 완전히 사라져 버린 것은 아닙니다. 제가 아는 사람 중 어려움에 처해 있는 사람들이 있습니다. 그들은 자신의 힘으로 도저히 해결할 수 없는 상황이나 더 이상 견디기 힘든 여건 속에 처해 있습니다. 그들은 싸우다 지쳐 버렸습니다. 이제 더 이상 탈출구가 없다고 생각합니다. 사람들은 저마다 문제에 직면해 있습니다. 그렇지만 저는 그들이 금식하며 기도한다면 문제를 해결하고 극복할 수 있다고 믿습니다. 그들이 금식하며 기도할 때 하나님께서 역사하셔서 하나님의 능력과 권능을 보여 주옵소서. 예수님의 이름으로 기도합니다. 아멘.

Review

- 금식은 육체적 욕구를 희생하여 영적 욕구를 채울 수 있는 기회를 제공한다.
- 성경에는 모세와 다윗, 느헤미야, 에스라, 다니엘, 예레미야, 이사야, 그리고 예수님에 이르기까지 수많은 남성들이 금식하였다고 기록되어 있다.
- 금식은 하나님께 더 집중하기 위해 평상시 하던 것들을 포기하는 것이다.
- 금식은 하나님 앞에 아픈 마음을 토하거나 죄를 회개하는 데 좋은 방법이다.
- 금식은 기도 생활에 힘을 실어 준다.
- 금식은 하나님께 사랑을 표현할 수 있는 실질적인 방법이다.
- 주님을 위해 아무 것도 희생하지 않고 어떻게 하나님을 사랑한다고 확신할 수 있겠는가.

토론 문제

1. 금식의 목적은 무엇인가?

2. 금식은 성경에서 매우 중요한 부분이다. 에스라와 느헤미야, 에스더, 사무엘, 다윗, 이사야, 예레미야, 다니엘, 스가랴, 예수님, 세례 요한과 바울까지 성경의 수많은 인물들이 금식했다. 다음 성경 구절을 읽어 보라. 금식에 대해서 어떤 결론을 내릴 수 있는가?

- 누가복음 5장 33-35절
- 고린도후서 11장 27절
- 마태복음 6장 16-17절

3. 금식을 해 본 적이 있는가? 언제, 왜 했는지, 결과가 어땠는지 이야기해 보라. 혹시 지금 금식 기도를 계획하고 있다면 왜, 언제, 어떻게 할 것인지 나눠 보라.

4. 갈등을 겪고 있는가? 지혜가 필요한가? 혹시 그것을 위해 금식 기도를 해 보았는가? 그렇지 않다면 앞으로 해 볼 생각은 없는가?

9
남자,
영적 전쟁에서 승리하다

Preview

영적 전쟁은 하나님의 뜻을 따르는 데 도움을 준다.

- 두 가지 거짓말, 즉 우리가 육신을 이겼다는 공개적 거짓말과 우리가 육신을 이길 수 없다는 개인적 거짓말이 우리를 유혹한다.
- 육체의 욕심을 버리고 공동체의 도움을 받으면 영적 전쟁에서 승리할 수 있다.

동역자이자 '거울 속의 남자' 사역의 대표인 데이비드 델크가 자기 집 정원에 있는 오렌지 나무에 빗댄 이야기를 했다. 어느 날 오렌지가 싫증나서 사과를 먹기로 결정했다고 가정해 보자. 그리고 가게에서 잘 익은 사과와 테이프를 사왔다. 그래서 오렌지 나무에서 오렌지를 다 따고 그 자리에 테이프로 사과를 붙여 놓았다.

데이비드가 사람들에게 물었다. "이렇게 해서 나무 자체가 바뀌겠습니까? 당연히 안 바뀝니다. 내년에 그 나무는 다시 오렌지 열매를 맺을 것입니다. 사과가 아닙니다."

데이비드가 말하려고 했던 것은 뿌리를 바꾸지 않는 한 열매도 바뀌지 않는 다는 것이다. 오렌지를 없애려면 오렌지 나무를 뿌리 채 뽑은 후 다른 나무를 심어야 한다. 다른 방법이 없다.

영적 전쟁이란 무엇인가?

단순히 외적 행동의 변화가 경건 훈련의 목표는 아니다. 이런 것은 마치 녹슨 철 위에 바로 새 페인트를 칠하는 것과 같다. 주님의 주권 앞에 온전히 순종하는 믿음 없이 의지력만 내세워서는 진정한 변화를 이끌어 낼 수 없다. 그래서 모든 경건 훈련의 목표는 주님을 더욱더 신뢰하는 것이다. 영적 전쟁의 훈련이란 바로 주님을 주님으로 모시고 사는 법을 배우는 것이다.

8장까지 읽었다면 의인이 되고 싶은 마음의 소원이 생겼을 것이다. 하지만 의로운 삶을 끊임없이 방해하는 죄의 유혹에 우리 모두 노출되어 있다는 사실 또한 인정해야 한다. 잘못 대처하면 유혹에 빠져 죄의 덫에 걸리게 된다. 유혹은 사람마다 다르다. 어떤 사람에게는 정욕과 음란물이 유혹이다. 또 어떤 사람에게는 탐심과 욕심이 유혹이다. 화나 분노, 두려움이 유혹일 수도 있다. 이렇게 유혹의 종류는 끝이 없다. 하지만 분명한 것은 모든 사람들이 한 가지 이상의 유혹을 받고 있다는 사실이다.

사도 바울조차 이러한 인간의 연약함을 벗어나지 못했다. 그래서 그도 이렇게 고백했다. "내가 행하는 것을 내가 알지 못하노니 곧 내가 원하는 것은 행하지 아니하고 도리어 미워하는 것을 행함이라 … 내 속 곧 내 육신에 선한 것이 거하지 아니하는 줄을 아노니 원함은 내게 있으나 선을 행하는 것은 없노라 … 그러므로 내가 한 법을 깨달았노니 곧 선을 행하기 원하는 나에게 악이 함께 있는 것이로다"롬 7:15, 18, 21. 사도 바울은 하나님의 법과 죄의 법 사이에 전쟁이 있다고 말했다. 즉, 육신이 영의 소원을 거스르는 전투를 치르고 있는데, 그 전투 속에서 자신은 죄수라는 것이다. 예수 그리스도를 통하여 하나님의 구출이 필요한 옥에 갇힌 죄수 말이다 롬 7:22-25.

왜 영적 전쟁이 중요한가?

방금 언급했듯이 우리는 땅과 하늘, 즉 육과 영 사이의 전쟁터에서 산다. 우리가 주님을 영접하면 모든 죄를 용서 받고 거듭나서 영생을 얻는다. 고린도후서 5장 17절에서는 우리를 새로운 피조물로, 요한복음 3장 5-8절에서는 우리를 성령으로 난 자라고 기록하고 있다.

하지만 우리는 매일 영과 육 사이의 어떤 긴장 관계 속에서 새로운 피조물이 된다. 그리스도인이 되었다고 해서 천사처럼 영적 존재가 되는 것이 아니다. 여전히 육신의 몸을 입고 인간적인 자극과 소욕 속에서 살아야 한다.

그렇기 때문에 사도 바울은 우리에게 "내가 이르노니 너희는 성령을 따라 행하라 그리하면 육체의 욕심을 이루지 아니하리라 육체의 소욕은 성령을 거스르고 성령은 육체를 거스르나니 이 둘이 서로 대적함으로 너희가 원하는 것을 하지 못하게 하려 함이니라."갈 5:16-17고 권면한다.

육체와 성령, 이 두 힘은 끊임없이 서로 대적한다. 그래서 우리의 선택은 이 둘 사이의 긴장과 갈등에서 자유롭지 못하다. 이것이 영적 전쟁에 대한 가장 기본적인 정의라고 할 수 있다. 성도들이 삶 속에서 순간순간 하나님의 뜻대로 살 것인가, 내 마음대로 살 것인가 갈등하는 핵심 이유가 바로 여기에 있다. 그래서 잘 훈련된 군사와 전쟁터에 나가는 것이 지혜로운 것이다. 그리고 일회성을 버리고 지속적으로 임하려는 태도 역시 전투에 나가는 군사들의 필수 덕목이다.

영적 전쟁의 삶

사도 바울은 1세기의 성도들에게 "자유를 위하여 부름을 받았다."고 이야기했다. 그렇지만 동시에 이러한 경고도 하였다. "형제들아 너희가 자유를 위하여 부르심을 입었으나 그러나 그 자유로 육체의 기회를 삼지 말고 오직 사랑으로 서로 종 노릇 하라"갈 5:13. 우리는 그리스도를 통하여 죄와 유혹의 사슬을 끊고 자유로워질 수 있는 무기와 갑옷을 얻었다. 그렇지만 그 자유는 자동으로 누릴 수 있는 것이 아니다. 해야 할 일이 있다.

전투가 시작되고 나서 전세를 파악하는 것은 어렵지 않다. 사도 바울이 뭐라고 말했는가? "육체의 일은 분명하니 곧 음행과 더러운 것과 호색과 우상 숭배와 주술과 원수 맺는 것과 분쟁과 시기와 분냄과 당 짓는 것과 분열함과 이단과 투기와 술 취함과 방탕함과 또 그와 같은 것들이라 전에 너희에게 경계한 것 같이 경계하노니 이런 일을 하는 자들은 하나님의 나라를 유업으로 받지 못할 것이요"갈 5:19-21. 주님을 신뢰하지 못하고 이렇게 사는 사람은 전투에서 계속 패배할 것이다.

한편 영적 전쟁에서 계속 승전보를 전하고 있는 자들은 '성령의 열매'를 드러내고 있는 사람들이다. 사도 바울은 성령의 열매를 "사랑과 희락과 화평과 오래 참음과 자비와 양선과 충성과 온유와 절제"라고 말하면서, 이러한 열매를 맺는 사람이야말로 "성령으로 사는 사람"이라고 말했다갈 5:22-25. 바로 이런 사람들이 승리하는 사람들이고, 하나님이 주시는 은혜와 평안을 누리며 사는 사람들이다.

사도 바울은 갈라디아서 5장을 통해서 영적 전쟁의 모든 과정에서 하나님과 협력할 것을 명령한다. 즉, 이 전투에서 우리가 해야 할 일이 분명히 있다는 것이다. 그렇지만 우리 자신을 이겨내야 하는 이 과정에서 두 가지 잠재적 오류가 도사리고 있다. 다음 두 가지 거짓말 중 어느 것 하나라도 받아들이면 우리는 하나님께 순종하는 기쁨과 자유를 모두 상실하게 될 것이다.

1. 다른 사람들 앞에서 자신은 육체의 일을 모두 다 이겨낸 척한다. 아무도 자신의 힘으로 이 전투에서 승리할 수 없다. 오직 성령님을 통해 승리할 수 있다. 절대로 자신이 죄인이 아닌 척 하지 말라. 아직 다 이기지도 않았는데 승리를 만끽하는 것은 매우 위험하다. 아무리 지금까지 승리했다 하더라도 언제 어떻게 또다시 새로운 상황, 새로운 문제에 직면할지 모른다. 오직 우리 능력의 한계를 넘어설 수 있게 해 주는 하나님의 초자연적 능력만이 승리할 수 있다.

2. 육체의 일을 이겨낼 수 있다는 사실을 속으로는 부인한다. 성경 말씀을 의심의 눈으로 보게 하려는 유혹은 누구에게나 찾아올 수 있다. 개인적 경험을 토대로 성경 말씀을 있는 그대로 받아들이지 않는 것이다. "이 말씀 참 은혜롭네. 하지만 이건 다른 사람들이 성령으로 승리했다는 거지, 난 아니야." 이런 반응은 성경 말씀을 부인하는 행동이다. 성경이 뭐

라고 말하고 있는가? "너희는 성령을 따라 행하라 그리하면 육체의 욕심을 이루지 아니하리라"갈 5:16. 여기엔 예외가 있을 수 없다.

지속적으로 잡초를 뽑아 내지 않으면 머지않아 잡초만 무성해질 것이다. 영적 전쟁은 쉬지 말고 지속적으로 실시해야 하는 것이다.

영적 전쟁 훈련을 위한 제안

영화 《뷰티풀 마인드》에서 러셀 크로가 정신분열증으로 고생한 천재 수학 교수 존 내쉬 역을 맡아 열연했다. 한 장면에서 어떤 사람이 내쉬 교수에게 망상이 사라졌는지 물었다. 그 때 내쉬 교수는 이렇게 대답했다. "아마 사라지지 않았을지도 모릅니다. 그렇지만 그걸 무시하는 법을 깨달았습니다. 그래서 이젠 나타나기를 포기한 것 같습니다."

이 장면은 영적 전쟁에서 우리가 어떻게 승리할 수 있는지를 잘 보여 준다. 유혹이 끊임없이 다가와도 이겨낼 수 있다. 다음 세 가지는 영적 전쟁에서 당신을 승리로 인도할 것이다.

1. 유혹을 밟아 버리라

유혹을 더 크게 키우지 말라. 예를 들어, 술 문제 때문에 고민이라면 업무상 사람들과 만나는 술자리를 피하고 점심시간에 마티니를 마시는 동료와 어울리지 말아야 한다. 또 만약 정욕의 문제나 음란물로 고민하는 사람이 있다면 야한 달력이나 잡지는 구입하지 말라. 스트레스가 많이 쌓일 때 쉽게 화를 내는 사람이라면 위험 신호가 왔을 때 일단 일을 멈추고 잠시 머리를 식히는 것이 현명한 일이다.

유혹을 굶주리게 하라. 식욕을 감퇴시키라. 죄의 사선에서 빠져나온 것은 비약적인 발전을 할 수 있다는 증거이다.

2. 공동체에 뿌리를 내리라

《뷰티풀 마인드》에서 내쉬 교수는 프린스톤 대학의 학장인 그의 라이벌에게 학교의 일자리 하나를 부탁한다. 어딘가에 소속해 있다면 치료에 도움이 될 것이라 믿었기 때문이다. 그가 이렇게 말했다. "잘 아는 곳에서 잘 아는 사람들과 함께 지내면 이런 망상들을 물리치는 데 도움이 될 것 같네."

이 장면 역시 영적 전쟁을 잘 가르쳐 준다. 수 세기 전에 솔로몬은 이렇게 말했다. "두 사람이 한 사람보다 나음은 … 한 사람이면 패하겠거니와 두 사람이면 맞설 수 있나니 세 겹 줄은 쉽게 끊어지지 아니하느니라"전 4:9, 12. 실제 싸움도 그렇다. 숫자가 많으면 힘이 더 세진다. 영적 전쟁도 마찬가지다. 나를 믿고 지지해 주는 사람들과 경건한 삶을 위해 함께 싸우는 사람들이 주위에 있으면 어려울 때 큰 힘이 된다.

당신은 아마 지금 어떤 문제로 갈등하고 있을 것이다. 갈등이 깊어지면 무기력해진다. 혼자서는 더 이상 견디기 힘들어진다. 그럴 때 믿을 수 있는 사람들, 즉 공동체 안으로 들어와 함께 싸우면 영적 전쟁에서 충분히 승리할 수 있다.

고민을 나누고 서로를 위해 함께 기도할 수 있는 그룹에 들어가라. 믿는 마음과 열린 마음으로 사람들을 만나라. 그래서 성경 말씀이 참 진리라는 사실과, 성령으로 살면 육체의 소욕을 다스리는 거룩한 습관을 개발할 수 있다는 사실을 서로에게 일깨워 주어라. 이것이 바로 영적 전쟁 훈련의 핵심 내용이다.

3. 하나님의 전신 갑주를 입으라

"그러므로 하나님의 전신 갑주를 취하라 이는 악한 날에 너희가 능히 대적하고 모든 일을 행한 후에 서기 위함이라 그런즉 서서 진리로 너희 허리 띠를 띠고 의의 호심경을 붙이고 평안의 복음이 준비한 것으로 신을 신고 모든 것 위에 믿음의 방패를 가지고 이로써 능히 악한 자의 모든 불화살을 소멸하고 구원의 투구와 성령의 검 곧 하나님의 말씀을 가지라 모든 기도와 간구를 하되 항상 성령 안에서 기도하고 이를 위하여 깨어 구하기를 항상 힘쓰며 여러 성도를 위하여 구하라" 엡 6:13-18.

이 말씀이 바로 영적 훈련의 핵심 내용이다. 군인은 평상복 차림으로 전쟁터에 나가지 않는다. 중무장을 하고 무기를 갖춘 후에 전쟁터에 나간다. 우리에게 중무장은 하나님의 말씀 속에 있는 진리와 의로운 삶, 복음, 믿음, 그리고 구원이다. 무기는 성령의 검, 즉 성경 말씀과 기도이다.

하나님 아버지, 저는 이 책을 읽는 모든 독자들이 그리스도인답게 살기 원한다고 믿습니다. 아버지의 마음을 기쁘게 해 드리고 싶지만 넘어질 때가 많습니다. 우리의 가면을 벗기셔서, 영적 전쟁에서 승리하는 척 가장하지 않게 하옵소서. 유혹 속에서 거룩하신 하나님의 말씀의 능력을 부인하지 않게 하옵소서. 성령을 통하여 육신과 죄의 본성을 이기게 도와주시고 전쟁의 승리를 위하여 우리 공동체를 사용하여 주옵소서. 우리를 전투에 능한 자로 세워 주시고, 낙담하여 쓰러지지 않게 붙잡아 주옵소서. 예수님의 이름으로 기도합니다. 아멘.

Review

- 의로운 삶을 살지 못하도록 끊임없이 방해하는 죄의 유혹에 우리 모두 노출되어 있다.
- 육체와 성령은 끊임없이 서로를 대적한다. 그래서 우리의 선택은 이 두 사이의 긴장과 갈등에서 자유롭지 못하다.
- 사도 바울은 우리에게 "내가 이르노니 너희는 성령을 따라 행하라 그리하면 육체의 욕심을 이루지 아니하리라."고 권면한다.
- 절대로 자신이 죄인이 아닌 척 하지 말라. 아직 다 이기지도 않았는데 완전히 승리한 척 하는 것은 매우 위험하다.
- 유혹을 밟아 버리라.
- 공동체에 뿌리 내리라.
- 하나님의 전신갑주를 입으라.

토론 문제

1. 영화 《뷰티풀 마인드》에서 러셀 크로가 정신분열증을 앓는 천재 수학 교수 존 내쉬 역을 맡아 열연했다. 극중에서 어떤 사람이 내쉬에게 망상이 사라졌는지 물었다. 그 때 내쉬는 이렇게 대답한다. "아마 사라지지 않았을지도 모릅니다. 그렇지만 그걸 무시하는 법을 깨달았습니다. 그래서 이젠 나타나기를 포기한 것 같습니다. 우리가 꾸는 꿈이나 악몽도 이런 것 아니겠습니까? 우리가 계속 배부르게 먹여 주니까 계속 살아나는 것 아니겠습니까?" 이 말에서 육신의 소욕에 대해 무엇을 배울 수 있는가?

2. 사도 바울은 갈라디아서 5장 16절에서 어떻게 권면하는가? 그렇게 권면하는 이유는 무엇인가? 17절 참고

3. 아래 두 질문 중 한 가지에 답하라.

- 하루 24시간 중 영적 전쟁의 승패를 시간으로 환산하여 계산한다면 몇 퍼센트가 승리이고 몇 퍼센트가 패배인가? 예수님을 믿기 전과 후에 영적 전쟁이 어떻게 달라졌는가?

- 육신의 소욕 중 지금 나를 가장 괴롭히는 것은 무엇인가? 그 이유는 무엇인가? 그것을 피하고 승리할 수 있는 방법은 무엇인가?

4. 《뷰티풀 마인드》에서 내쉬는 또 이렇게 말했다. "공동체의 일원이 되면 좋을 것 같아. 잘 아는 곳에서 잘 아는 사람들과 함께 지내면 이런 망상들을 물리치는 데 도움이 될 것 같네." 육신의 소욕을 물리치는 데 도움을 줄 수 있는 공동체는 어떤 모습인가?

a man's guide to the
spiritual
disciplines

10
남자, 청지기로 살다

> **Preview**
>
> - 모든 것이 다 하나님의 것이므로, 청지기직은 매일매일 하나님의 뜻에 순복하기로 선택하는 삶의 방식이다.
> - 청지기의 역할은 그분의 것을 관리하는 것이다.
> - 신실한 청지기는 시간과 재능과 소유를 온전히 하나님께 드린다.
>
>

A MAN AND STEWARDSHIP

이번 장의 제목을 보고 무슨 생각을 했는가? 아마 두 가지 중 한 가지였을 것이다. 첫 번째는 '또 십일조나 헌금을 강조하는 내용이겠구나.' 였을 것이다. 현재 십일조를 안 하고 있는 사람은 벌써부터 마음이 꺼림칙해졌을 것이다. 왜냐하면 전국의 모든 교회가 다 십일조 설교를 하기 때문이다. 두 번째는 '난 십일조를 꼬박꼬박 잘 내니까 이번 장은 그냥 넘어가도 되겠네.' 였을 것이다. 왜냐하면 십일조를 하면 하나님을 위해 뭔가 큰 일을 한 것처럼 생각하는 경향이 있기 때문이다. 자신의 신앙이 대단해졌다고 느끼는 것이다.

십일조를 하고 있는가? 좋다. 하지만 그것이 그렇게 대단한 일인가? 자신의 십일조 생활을 자랑하고 싶다면 바리새인들처럼 할 수 있다. 어떤 바리새인이라도 십일조는 할 수 있다. 사실 그 당시의 종교인들은 돈 문제에 관해서 빈틈이 없어서 부엌에 있는 양념까지도 일일이 다 달아보고 정확하게 십분의 일을 드렸다. 그렇지만 진정한 마음의 변화는 없었다. 예수님께서도 그들을 향해서 정의와 사랑과 자비와 믿음 같은 더 중요한 문제를 망각하고 있다고 꼬집으셨다 마 23:23, 눅 11:42. 십일조를 하는 데 있어서 가장 중요한 것은 마음이다.

하나님께서 정말로 우리 수입의 10퍼센트를 원한다고 생각하는가? 오해하지 말라. 청지기직은 돈에 관한 것이 아니다. 더구나 단순히 그냥 10퍼센트에 관한 문제도 아니다. 10퍼센트는 사실 별거 아니다. 하나님께서는 우리 수입의 10퍼센트를 원하시지 않는다. 너무 적다. 하나님은 전부를 원하신다.

십일조는 하나님이 우리에게 원하시는 것의 시작일 뿐이다. 이번 장에서 우리는 십일조가 아닌, 청지기직에 대해서 살펴볼 것이다. 하나님이 원하시는 것은 물질이 아니다. 하나님은 우리의 소유, 우리의 시간, 우리의 재능을 모두 다 원하신다. 하나도 빠짐없이 다 원하신다. 하나님은 우리 삶에 분명한 목적을 갖고 계시다. 곧 우리를 사용하셔서 이 세상을 변화시키기 원하신다.

다시 말하지만, 10퍼센트는 아무 것도 아니다. 하나님은 전부 다 원하신다. 이번 장의 주제는 바로 이것이다. 신실한 청지기는 하나님의 영광을 위해 자신의 시간과, 재능, 그리고 모든 소유를 100퍼센트 다 드리는 사람이다.

청지기직이란 무엇인가?

내 아버지는 내게 청지기직의 기준을 세워 주신 분이다. 2002년 가을, 아버지가 돌아가셨을 때 나는 가족 대표로 아버지의 유산 문제를 처리했다. 그 때 아버지가 생전에 사용하시던 개인 수표 장부를 보았다. 그런데 아버지의 지출 내역에는 아버지 자신이나 주님께 부끄러울 만한 것이 아무 것도 없었다.

   아버지의 이러한 삶이 내게 아주 중요한 교훈을 주었다. 청지기직은 단순히 돈에 관한 문제가 아니다. 청지기직은 하나님께서 우리에게 맡겨 주신 모든 것, 시간과 재능과 물질에 대하여 신실해야 한다는 포괄적인 개념이다. 사도 바울이 고린도전서 4장 2절에서 이렇게 말했다. "그리고 맡은 자들에게 구할 것은 충성이니라." 청지기직은 하나님께서 우리에게 주신 자원들을 어떻게 사용하느냐에 관한 것이다.

   할아버지는 아버지가 두 살 때 가족을 버리고 집을 나가셨다. 할머니는 얼마 후 뇌졸중으로 쓰러지셨다. 할머니의 어눌

해진 말을 알아들을 수 있는 사람은 거의 없었다. 몸의 오른 쪽은 마비되었다. 결국 이 두 사건은 가족들에게 큰 짐이 되어서 얼마 안 있어 미네소타 헤이워드에 있는 농장을 잃고, 아버지 형제들과 할머니는 멀리 떨어진 할머니의 동생 집으로 이사할 수 밖에 없었다.

이렇게 해서 아버지의 4남매는 어머니와 두 이모 밑에서 자라게 되었다. 아버지의 형, 해리 삼촌은 이사 후 바로 일 자리를 얻어 생계를 도왔다. 통학 전에는 빵 운반 트럭을 몰고, 하교 후에는 정육점에서, 주말에는 주유소에서 일했다. 그 때 삼촌의 나이 겨우 열 살이었다. 아버지는 여섯 살 때부터 일을 시작했다. 새벽 세 시에 형과 함께 일어나서 빵 운반을 도왔고 그 후에는 신문 배달을 했다. 그러다 보니 두 사람은 졸업할 때까지 지각 경고장을 달고 살 수 밖에 없었다.

아버지가 물려 준 것은 돈이나 세상적인 기준으로 평가할 수 없는 것이다. 아버지의 평생 사명은 바로 이러한 악순환의 고리를 끊는 것이었다. 할아버지는 가족을 버리고 범죄자가 되어 감옥에서 생을 마감했다. 아버지는 문제아가 될 수도 있는 가정환경에서 자랐지만 굳은 결단과 의지력으로 불우한 환경의 피해자가 될 자신의 운명을 거부하셨다. 과거를 바꿀 수는 없었지만 미래를 바꾸기 위해 참으로 열심히 노력했다. 그래서 마침내 가족들이 완전히 새로운 방향의 삶을 살도록 만드셨다. 아버지의 이런 수고는 앞으로 태어날 후손들에게도 선한 영향을 미칠 것이다.

아버지의 유산은 사람들이 가장 이상적이라고 생각하는 기준대로 평가할 수 없다. 대부분의 사람들은 한 사람의 성공 여부를 그가 얼마나 많은 것을 남겼는지로 판단한다. 그렇지만 아버지의 유산은 단순한 물질이 아니라 지금까지 살아 온 길로 판단되어야 한다. 아버지의 삶은 완벽했을까? 아니다. 그럼 충성된 청지기였을까? 그렇다.

아버지는 시간과 재능과 물질을 온전히 하나님의 영광을 위해 사용하는 데만 쓰신 참으로 충성된 청지기였다. 내 기억에 아버지가 정직하지 못한 행동을 한 적은 한번도 없다. 다른 사람에 대해서 험담하는 소리도 들어보지 못했다. 어머니를 무시하거나 모욕하는 일도 기억에 없다. 이게 바로 유산다운 유산이 아니고 무엇이겠는가. 이것이 바로 충성된 청지기라는 뜻이 아니고 무엇이겠는가?

청지기직은 그저 물질을 어떻게 다루느냐에 관한 것이 아니다. 그것은 우리의 자원을 비록 미약하더라도 평가해 보고 우리에게 허락하신 모든 것들을 겸손하고 감사하는 마음으로 하나님의 영광을 위해서 사용하는 것이다.

청지기직은 왜 중요한가?

하나님께 감사를 표하며

청지기직을 단순히 돈 문제로 국한하는 것은, 하나님께서 우리에게 십일조만을 원하신다고 생각하는 잘못된 선입관 때문에 생긴 것이다. 생각해 보라. 하나님께서는 이미 100퍼센트 다 갖고 계신데, 왜 하필 10퍼센트에 그렇게 관심을 가지시겠는가? 하나님께는 우리의 돈이 필요 없다.

우리가 드리는 10퍼센트는 하나님께 결코 큰 것이 아니다. 하나님은 우리가 얼마나 십일조를 드리는지 일일이 다 계산하지 않으신다. 그분의 뜻을 이루기 위해서 필요한 것은 모두 하나님께 있다. 예수님께서 한 소년이 드린 떡 다섯 개와 물고기 두 마리로 5,000명을 배불리 먹이시고도 남을 정도였는데, 내가 가진 것을 조금 드린다고 해서 그게 하나님께 무슨 소용이 있겠는가.

십일조는 하나님이 뭔가 받고 싶은 것이 있어서 드리는 것이 아니다. 십일조를 드린다고 해서 하나님께 더 많이 받는 것도 아니다. 십일조는 하나님께서 우리에게 공급해 주신 것에 대해 감사를 표현하고 하나님의 나라를 건설하는 데 동참할 기회를 얻는 것이다. 또한 십일조는 모든 선한 것이 하나님께로부터 온다는 사실을 상기시켜 주는 역할도 한다.

십일조는 하나님을 위한 복이 아니다. 오히려 하나님께로부터 내려오는 복이다. 아브라함이 제일 처음으로 했던 이 십일조는 우리에게 복을 주시는 하나님께 감사하는 방법 중 한 가지다. 즉, 90퍼센트는 이 땅의 삶을 위해서, 그리고 나머지 10퍼센트는 혹은 그 이상 영적인 삶을 위해서 드리는 것이다. 충성된 청지기란, 매주 수입의 10퍼센트를 어쩔 수 없이 빼앗기는 불쌍한 사람이 절대 아니다. 충성된 청지기는 그의 시간과 재능과 물질을 100퍼센트 모두 하나님의 영광을 위해 헌신하는 사람이다.

"모든 것이 … 하나님의 것입니다"

역대상 29장에 다윗 왕이 청지기직의 참뜻을 어떻게 알았는지 기록되어 있다. 본문은 다윗 왕의 노년기를 배경으로 한다. 다윗은 아들 솔로몬이 성전을 건축할 때 필요한 자재들을 모아 왔는데, 백성들이 모두 이 일에 동참해서 십일조 이상을 하나님께 드렸을 것으로 추측된다. 그 때 다윗은 다음과 같이 하나님을 찬양했다.

"다윗이 온 회중 앞에서 여호와를 송축하여 이르되 우리 조상

이스라엘의 하나님 여호와여 주는 영원부터 영원까지 송축을 받으시옵소서 여호와여 위대하심과 권능과 영광과 승리와 위엄이 다 주께 속하였사오니 천지에 있는 것이 다 주의 것이로소이다"대상 29:10-11.

놀랍지 않은가? 성경은 모든 것이 다 하나님께 속하였다고 말씀한다. 다윗은 계속해서 이렇게 고백한다.

"여호와여 주권도 주께 속하였사오니 주는 높으사 만물의 머리이심이니이다 부와 귀가 주께로 말미암고 또 주는 만물의 주재가 되사 손에 권세와 능력이 있사오니 모든 사람을 크게 하심과 강하게 하심이 주의 손에 있나이다"11-12절.

모든 부귀권세가 어디로부터 나오는가? 하나님께로부터 나온다. 그래서 다윗이 소리 높여 하나님을 찬양하는 것이 이상하지 않다.

"우리 하나님이여 이제 우리가 주께 감사하오며 주의 영화로운 이름을 찬양하나이다 나와 내 백성이 무엇이기에 이처럼 즐거운 마음으로 드릴 힘이 있었나이까 모든 것이 주께로 말미암

앉사오니 우리가 주의 손에서 받은 것으로 주께 드렸을 뿐이니이다" 13-14절.

위와 같은 내용이 성경의 다른 부분에도 많이 있지만 지금 읽은 말씀이 우리의 소유가 어디서 왔는지, 그리고 청지기직이 무엇인지 아주 정확하게 요약하고 있다.

우리가 가진 모든 것이 다 하나님께로 왔다. 모두 하나님께 속한 것이다. 뿐만 아니라 우리 삶도 우리 것이 아니다. 왜냐하면 성도들은 예수 그리스도의 죽음을 통하여 보혈로 산 바 되었기 때문이다. 우리에게 맡겨 주신 모든 것에 충성을 다해야 하는 것도 그 때문이다. 사도 바울의 말을 들어 보라. "그리고 맡은 자들에게 구할 것은 충성이니라" 고전 4:2. 우리는 명예와 지위, 주택이나 자동차를 소유할 수 있다. 은행 계좌와 증권도 소유할 수 있다. 하지만 이 모든 것이 진정 우리의 것은 아니다. 하나님의 것이다.

소유권을 어떻게 인식하느냐에 따라 우리 결정과 선택은 분명히 달라진다. 이것이 성경적 청지기직의 기초이다. 어떤 바리새인도 10퍼센트의 십일조를 드릴 수 있다. 하지만 충성된 청지기는 시간과 재능과 물질을 모두 하나님의 영광을 위해 100퍼센트 헌신한다.

청지기로 살기

순종

먼저 청지기직은 하나님의 말씀에 순종할 것을 요구한다. 이것은 청지기직의 기본이다. 순종이라는 말은 본래 긍정적인 뜻을 가지고 있었다. 심지어 오늘날까지도 다른 나라에서는 어떤 기준과 원칙을 잘 따르는 태도를 존중한다. 하지만 오늘날 순종이란 말은 유약하고 비굴하다는 인상을 준다.

사랑하기에 순종한다

하지만 하나님은 우리의 모든 것에 대한 관리를 그분께 맡길 것을 요구하신다. 우리의 물질과 시간, 미래와 가족, 심지어 우리 자신까지도. 하나님께서 이렇게 말씀하신다. "다 가질 수 없다면 하나도 필요 없단다. 바로 너를 가질 수 없다면 네가 가진 것은 아무 것도 필요 없다." 즉, 하나님은 우리의 전적인 순종과 충성을 요구하신다. 그런데 이런 순종과 충성은 말씀에 순종할 때만 이뤄진다.

물론 강압적으로 들리지만 말씀을 보면 전혀 그렇지 않다는 것을 알 수 있다. 사도 요한은 이렇게 말했다. "하나님을 사랑하는 것은 이것이니 우리가 그의 계명들을 지키는 것이라 그의 계명들은 무거운 것이 아니로다 무릇 하나님께로부터 난 자마다 세상을 이기느니라 세상을 이기는 승리는 이것이니 우리의 믿음이니라"요일 5:3-4. 우리의 순종은 강압적인 것이 아니다. 왜냐하면 하나님을 사랑하는 마음에서, 그리고 주님 안에서 자유의지로 순종하기 때문이다. 그리스도를 통해서 우리를 얽매고 있는 모든 것에서 자유케 될 수 있다. 사실 우리는 자유의지의 노예가 아니라 하나님의 말씀에 마음껏 순종하며 살 수 있는 자유를 얻었다. 자유의지는 흔히들 말하는 것처럼 그렇게 좋은 것이 아니다.

사도 바울은 이렇게 말했다. "너희 자신을 종으로 내주어 누구에게 순종하든지 그 순종함을 받는 자의 종이 되는 줄을 너희가 알지 못하느냐 혹은 죄의 종으로 사망에 이르고 혹은 순종의 종으로 의에 이르느니라"롬 6:16. 우리는 항상 무언가를 섬긴다. 그러나 성경적 청지기는 하나님만을 섬긴다.

청지기직 훈련 방법

청지기직이 하나님께 순종하는 것에서 시작된다면 청지기직의 훈련은 당연히 성경 말씀을 읽고 공부하는 것이다. 성경이 청지기직에 대해서 어떻게 이야기하는지 살펴보자.

1. 소유에 집착하지 말라

고린도전서 7장 30-31절로 시작해 보자. 이 말씀은 내가 가진 것을 어떻게 다뤄야 하는지에 대해서 매우 중요한 교훈을 준다. 문맥의 흐름을 보면, 이 세상의 삶은 매우 짧다는 것을 말한다. 그 점을 기억해야 자신이 가진 것을 마치 자기 소유인양 다루지 않을 것이고, 이 세상의 것들을 사용할 때도 거기에 너무 집착하지 않을 수 있다. 이 세상은 소멸되어 없어질 것이다. 따라서 영원의 관점에서 바라보면 우리가 소유한 것은 아무 것도 아니다.

2. 자신의 소유를 관리하라

그렇지만 다른 성경 구절에는, 하나님께서 우리에게 맡겨 주신 물질에 무관심해서는 안 된다고 기록되어 있다. 우리가 아무런 계획을 세우지 않아도, 또 아무런 준비를 하지 않아도 하나님이 혼자 이 세상을 다 돌보실 것이라는 생각은 잘못된 것이다. 성경은 청지기직에 대한 균형 잡힌 시각이 필요하다고 말씀한다. 즉, 모든 것이 하나님의 소유이지만 그것을 관리하는 사람은 우리라는 뜻이다. 예를 들어, 잠언 12장 27절을 보라. "사람의 부귀는 부지런한 것이니라." 하나님께서 우리에게 자동차를 허락하셨다면, 세차를 하고 엔진 오일을 갈아야 하는 것은 우리 몫이라는 뜻이다.

3. 미래를 준비하라

"지혜 있는 자의 집에는 귀한 보배와 기름이 있으나 미련한 자는 이것을 다 삼켜 버리느니라"잠 21:20. 이 말씀은 앞날을 위해 미리 준비하는 자가 지혜로운 청지기라는 뜻이다. 앞날을 준비하는 것은 누가 대신해 줄 수 없는 것이다. 은퇴나 조기 사망, 혹은 불의의 사고에 대비하는 것은 자신의 일이다. 잠언 27장 23-24절은 이러한 우리의 책임에 대해서 이야기한다. "네 양 떼의 형편을 부지런히 살피며 네 소 떼에게 마음을 두라 대저 재물은 영원히 있지 못하나니 면류관이 어찌 대대에 있으랴." 무슨 뜻인가? "현 재산 상태를 잘 살피라. 앞으로 어떻게 될지 모르기 때문이다."라는 뜻이다.

4. 수입의 10퍼센트를 교회 사역에 쓰라

나는 수입의 10퍼센트를 세금으로 생각한다. 그게 좋다. 무엇을 하든 머리에 가장 먼저 떠오르기 때문이다. 사례비를 직접 받을 때는 십일조 액수를 정하기 전에 경비를 먼저 공제한다.

개인 사업하는 사람들은 먼저 사업상 지출 경비를 공제하고 난 후 나머지 수익에 대해서 십일조를 하라.

세금을 낸 후에 십일조를 계산하지는 말라. 수입이 5만 달러이고 세금액은 1만 달러라도, 5만 달러에 대한 십일조를 하라. 나도 그렇게 한다. 세후 4만 달러에 대한 십일조를 한다면 1만 달러를 더 벌었다고 생각할 수 있겠지만 그렇지 않다.

일단 세금을 내기 전에 십일조를 하면 더 많이 헌금하지 못했다는 죄책감을 느낄 필요가 없다. 혹시 달리 이야기하는 사람이 있다면 귀담아 듣지 말라. 십일조를 했다고 해서 더 이상 헌금이나 기부를 하지 않아도 된다는 뜻은 아니다. 십일조를 출석 교회에만 내야 하는 것도 아니다. 다른 기독교 사역 단체에 해도 괜찮다. 물론 가장 보수적인 견해는, 십일조를 출석 교회에 하는 것이다. 이것은 결국 자신의 신앙적 양심의 문제이다.

5. 십일조 이상의 헌금은 감사로 드리라

내가 십일조를 세금으로 여긴다고 말한 것은, 일단 드리고 나면 의무는 끝나기 때문이다. 더 드리지 못했다는 죄책감을 느낄 필요가 없다. 오히려 마음이 뿌듯하다. 그렇지만 어떤 때는 더 드리고 싶은 마음이 든다. 꼭 해야 하는 것은 아니지만 할 수 있으니까 하는 것이다. 이것은 때를 따라 하나님께서 우리에게 베푸신 은혜에 감사하는 것이다. 아니면 필요를 보고 희생하는 마음으로 드리는 것이다. 어쨌든 모두 다 의무는 아니며, 또 더 드린다고 하나님께서 우리를 더 사랑하시는 것은 아니라는 사실을 꼭 기억하라. 하나님은 이미 우리를 온전히 사랑하신다.

6. 개인 생활을 청지기처럼 관리하라

지금까지 읽고 갑자기 힘이 빠진다면 안타까운 일이다. 누구의 책임도 아니기 때문이다. 자신의 삶에 대한 책임은 모두 각자에게 있다. 특별히 누구도 대신해 줄 수 없는 다음 다섯 가지 영역을 잘 기억하기 바란다. 우리가 충성된 청지기로 관리해야 할 영역이다.

- 하나님과의 개인적 관계
- 개인 재정 문제
- 건강
- 아내와의 관계
- 자녀들과의 관계

수년 전에 한 친구가 자기의 근로 시간이 주당 70시간이라고 말한 적이 있다. 나는 일을 좀 줄이는 것이 어떠냐고 말했다.

하지만 그 친구는 내 말을 귀담아 듣지 않았다. 그리고 몇 년 후 그 친구는 회사의 임원 자리에서 물러났다. 그 때 나는 다시, "이것은 자네 인생을 무너지지 않게 붙잡아 주시는 하나님의 은혜라고 생각되네. 실망하지 않았으면 좋겠어. 대신 자네를 아끼시는 하나님께 감사하면서 이 기회에 삶을 말씀 중심으로 다시 리모델링 해 보면 어떻겠나?" 하고 말했다.

하나님은 우리를 너무 사랑하시기 때문에 우리가 차를 운전하다가 시속 200킬로미터의 속도로 벽에 충돌하도록 놔두지 않으신다.

7. 가족의 청지기가 되라

이 문제는 매우 중요하다. 하나님께서 우리에게 아내와 자녀를 주셨다는 것은 우리를 신뢰하신다는 거룩한 증거이다. 이미 언급했듯이 청지기는 시간과 재능과 물질을 모두 하나님의 영광을 위해 100퍼센트 헌신하는 것이다. 그리고 하나님 다음으로 중요한 것이 가족과 많은 시간을 보내는 것이다.

그렇다면 가족과의 시간을 어떻게 관리할 수 있는가? 일하는 시간을 정해 놓고 자꾸 바꾸지 말라. 개인적으로 나는 늘 여섯 시에 퇴근한다. 여섯 시까지는 정말 열심히 일한다. 그렇지만 여섯 시만 되면 바로 일을 끝낸다. 순회 강의는 가족회의를 열어서 한 달에 최대 5일로 그 횟수를 제한했다. 가족이 일보다 우선이다.

많은 남성들은 회사에서는 회사일과 가정을 확실히 구분한다. 하지만 집에 오면 회사 일을 확실히 구분하지 않는다. 그것은 청지기직을 잘못 수행하는 것이다. 가족과 충분한 시간을 보내지 않는 사람은 하나님의 뜻대로 살지 못하는 것이 확실하다.

예전에 회사와 집이 자동차로 10분 거리에 있었다. 사무실을 나오면 차츰 긴장을 풀면서 집 앞 다리를 지날 때까지만 일을 생각한다. 다리에서 집까지는 이제 3분 남았다. 그러면 머리 속에 가방 하나를 그린다. 그리고 모든 서류를 거기에 넣고 잠근 다음, 창밖의 강물 속으로 휙 집어 던진다. 집에 가면 가족들에게만 집중할 수 있도록 머리를 깨끗하게 비우는 것이다. 물론 집에 가면 15분 동안은 먼저 씻고, 편한 옷으로 갈아입은 다음에 아내와 이야기를 시작한다.

그리고 다음에는 아이과 시간을 보낸다. 보드 게임이나 아이들이 좋아하는 게임을 한다. 물론 어른에게는 너무도 싱겁고 재미없는 단순한 게임들이다. 또 아무리 게임을 많이 해도 무조건 이길 수는 없으니 게임이 싱겁고 재미없는 것은 당연하다.

청지기직은 삶의 모든 영역에 영향을 미치기 때문에 큰 도전이 되는 훈련이다. 그렇지만 충성된 청지기는 거창한 일을 하는 사람이 아니다. 자기를 포기하고 하나님의 뜻을 받아들여 순종하는 것이다. 그리스도인의 정체성과 같은 것이다. 그래서 청지기직이란 단순한 선택 이상을 의미한다. 받아들일 것인지 거절할 것인지의 양자택일의 문제가 아니라, 참된 그리스도인 남자들에게 필수적인 삶의 양식이다. 그래서 내 신조 중 하나가 "오직 하나님, 오직 하나님의 뜻"이다.

하나님 아버지, 처음부터 우리는 하나님이 창조주이시고 우리는 피조물이라는 사실을 거부하여 하나님으로부터 멀어졌습니다. 하나님의 뜻에 순복하기를 싫어했고 하나님이 인도하시는 데로 따라가기를 원하지 않았습니다. 또한 청지기직을 단순히 물질과 관련된 문제로만 국한했습니다. 하나님, 이제 청지기직은 종이 그 주인에게 순복하듯이 하나님께 순복하는 삶의 양식임을 깨닫게 해 주옵소서. 충성된 일꾼이었다는 믿음의 유산을 남기게 하여 주옵소서. 저의 재정 지출이나 일정 속에 하나님 앞에 한 점 부끄러움이 없게 하여 주시고, 온전히 하나님의 목적과 계획에만 저의 모든 것을 드리게 하옵소서. 또한 하나님께서 제게 주신 모든 자원들을 잘 관리하게 하여 주옵소서. 하지만 이 모든 일은 하나님께서 지혜와 능력을 부어 주실 때만 가능한 일이오니, 하나님 도와주옵소서. 예수님의 이름으로 기도합니다. 아멘.

Review

- 충성된 청지기는 시간과 재능과 물질을 모두 하나님께 드린다.
- 아브라함이 시작했던 십일조는 우리에게 복을 주신 하나님께 감사하는 방법이다.
- 소유에 집착하지 말라.
- 소유물을 잘 관리하라.
- 미래를 준비하라.
- 십일조 이상은 하나님이 주시는 마음에 따라 감사함으로 하라.
- 나 자신뿐만 아니라 가족의 청지기가 되어라.
- 청지기직은 참된 그리스도인 남자의 필수적인 삶의 양식이다.

토론 문제

1. 훌륭한 청지기가 되기 위해서 훈련이 필요한 이유는 무엇인가?

2. 아래의 두 말씀을 찾아보고 등장인물이 선한 청지기였는지, 아니면 악한 청지기였는지 살펴보라. 왜 그렇게 생각하는지도 이야기해 보라.

    - 마태복음 19장 16-24절
    - 누가복음 21장 1-4절

3. 다음 두 말씀을 보고 적용해야 할 핵심은 각각 무엇인가?

    - 고린도전서 29장 10-19절
    - 고린도전서 4장 2절

4. 다음 중 한 가지에 대답하라.

    - 시간에 대해서 당신은 충성된 청지기인가? 왜 그런가?
    - 재능에 대해서 당신은 충성된 청지기인가? 왜 그런가?
    - 물질에 대해서 당신은 충성된 청지기인가? 왜 그런가?
    - 집착, 몰두, 무관심, 태만, 단순한 실천, 충성 중 당신의 청지기직이나 위의 세 가지와의 관계를 가장 잘 묘사한 것이 있다면 무엇인가? 그 이유를 설명하라.

5. 이 장을 읽고 나서 이전과 다르게 해 보고 싶은 것이 있다면 무엇인가?

11
남자,
섬김으로 예수님을 따르다

Preview

- 우리의 본성인 섬김은 오늘날의 문화와 어떻게 대치되는가?
- 섬김을 위한 거룩한 동기는 무엇인가?
- 섬김을 습관화하는 구체적인 방법은 무엇인가?

A MAN AND SERVICE

자기중심적인 삶은 결코 우리를 행복하게 만들지 못한다. 오히려 우리를 더 비참하게 만들 뿐이다. 솔로몬도 이런 사실을 잘 알고 있었다. 그는 정말로 무엇이 우리를 행복하게 할 수 있는지 다 살펴보았다. 자연과학과 음악, 문학, 교육 분야에서 많은 업적을 거두었고 엄청난 부로 각종 사회 정책, 공공사업, 부동산 개발에 이르기까지 방대한 과업을 수행하였다.

솔로몬은 이 세상에서 가장 큰 기업의 총수였다. 나라의 대통령이자 군통수권자요, 예술 작품 최고 수집가이자 계관 시인이며 노벨상을 수상한 과학자요, 트럼프 빌딩 1930년에 70층으로 완공된 뉴욕의 대표적 건물을 능가하는 건물을 지은 개발 사업자이자 상선대의 소유자이다. 또한 올해의 교수 상을 받은 랜스 암스트롱이나 기타 그 어떤 유명 연예인보다 더 유명한 사람이다. 그가 그의 인생을 어떻게 요약했는지 보라.

"무엇이든지 내 눈이 원하는 것을 내가 금하지 아니하며 무엇이든지 내 마음이 즐거워하는 것을 내가 막지 아니하였으니 이는 나의 모든 수고를 내 마음이 기뻐하였음이라 이것이 나의 모든 수고로 말미암아 얻은 몫이로다 그 후에 내가 생각해 본즉 내 손으로 한 모든 일과 내가 수고한 모든 것이 다 헛되어 바람을 잡는 것이며 해 아래에서 무익한 것이로다" 전 2:10-11.

그가 뭐라고 덧붙였는가? "내가 사는 것을 미워하였노니" 17절. 이것은 자기중심적인 삶의 결과이다.

섬김이란 무엇인가?

우리 단체에서 실시한 봉사 프로젝트를 수료한 대기업의 공동 소유주가 이렇게 고백했다. "정확히 뭔지 모르겠지만 지금이 훨씬 더 행복합니다." 이게 바로 섬김의 핵심이다. 섬김이란 주는 것보다 얻는 것이 더 많게 느껴지지만 우리의 희생을 필요로 한다. 여기에는 청지기직과 마찬가지로 하나님의 뜻에 순종하는 태도가 필요하다. 왜냐하면 내가 아닌 다른 사람에게 초점을 맞추는 것이기 때문이다.

그리스도인에게는 섬기는 자로서의 책임이 있다. 도움이 필요한 사람을 도울 수 있는 능력이 되는 한 우리는 계속 도움의 손길을 펼쳐야 한다. 그렇지만 우리가 모르는 일에 대해서까지 책임질 필요는 없다. 또한 내 능력 밖의 일이나 해서는 안 되는 일까지 할 필요도 없다. 예를 들어, 매주 토요일, 혼자 사는 여성의 집수리를 해 주기 위해서 자녀의 축구 시합에 가지 않는 것은 뭔가 잘못된 것이다.

예수님께서는 우리 능력 밖의 일에 대해서 죄책감을 느끼는 것도 원치 않으시고, 내가 능력을 쉽게 망각하거나 과소평가하는 것도 원치 않으신다. 그렇지만 사탄은 우리가 잘 한 일에 대해서도 충분하지 않다고 말한다. "더 할 수 있었잖아. 더 했어야지. 이렇게 할 수 있었잖아? 그 사람은 왜 돕지 못했니? 아직도 할 일이 많아."

섬김의 마음 기르기

하나님께 점수를 더 받기 위해서 섬김의 마음을 기르려는 것이 아니다. 오히려 섬김이란 주님과의 관계가 더욱더 성숙해지면서 자연스럽게 흘러나오는 것이다. 보라. 초신자 때에는 내 안에 예수님이 충분치 않았다. 다른 사람에게 나눠 줄 예수님이 모자랐다. 그렇지만 신앙생활을 계속하면서 점차 내 안이 주님과의 관계가 충만해진다. 주님의 거룩하심과 자비와 사랑과 은혜의 깊은 차원을 경험하며 그분의 권능과 위대하심과 광대하심에 감격한다. 하나님 앞에 겸손히 엎드리게 된다. 신앙은 이렇게 자란다.

그러다가 어느 순간 내 안에 예수님이 충분하다는 것을 발견한다. 주님과의 관계로 충만해진 것이다. 그러면서 또 다른 성장을 위해 도약한다. 그리고 어느 날 내 안에 예수님이 차고 넘친다는 사실을 발견한다. 단순히 내 안에 예수님이 충분하다는 것이 아니라, 다른 사람들에게 뭔가 나눠 줄 것이 생긴 것이다. 다른 이들에게 주지 않으면 가슴이 터져 버릴 것 같은 느낌이 든다. 이것이 바로 섬기는 자의 마음이다. 섬기지 않으면 더 이상 행복하지 않을 것 같은 마음이 아니라면 그것은 진정한 섬김이라고 할 수 없다.

물론 모든 사람이 다 이와 같은 마음 상태라고 할 수는 없다. 그래서 섬김을 맨 나중에 배우는 것이다. 마음이 흘러넘치지 않는다면 차라리 하지 않는 것이 낫지 않겠는가? 충만하지도 않은데 그런 척 할 필요는 없다. 그럴 때는 주님께서 나를 빚으시고 채우시고 충만케 하시도록 간절하게 주님을 구하라. 때가 오면 자연스럽게 해야 할 바를 알게 될 것이다.

따라서 아직도 섬기고자 하는 마음이 들지 않는 사람은 둘 중의 하나이다. 성장하지 않는 제자이든지, 주님 안에 거하지 않는 아예 믿음이 없는 사람이든지.

예수님은 섬김의 본이다

마태복음 20장에 예수님의 두 제자, 야곱과 요한에 관한 재미있는 이야기가 있다. 이들의 어머니가 예수님께 와서 주의 나라에서 하나는 주의 우편에, 하나는 주의 좌편에 앉게 해 달라고 요청했다. 예수님은 이렇게 대답하셨다. "너희는 너희가 구하는 것을 알지 못하는도다 내가 마시려는 잔을 너희가 마실 수 있느냐 … 너희가 과연 내 잔을 마시려니와 내 좌우편에 앉는 것은 내가 주는 것이 아니라 내 아버지께서 누구를 위하여 예비하셨든지 그들이 얻을 것이니라" 마 20:22-23.

당신이 나머지 열 제자 중의 한 명이었다고 생각해 보라. 두 동료가 당신 위에 올라서겠다는데 가만 있겠는가?

"예수께서 제자들을 불러다가 이르시되 이방인의 집권자들이 그들을 임의로 주관하고 그 고관들이 그들에게 권세를 부리는 줄을 너희가 알거니와 너희 중에는 그렇지 않아야 하나니 너희 중에 누구든지 크고자 하는 자는 너희를 섬기는 자가 되고 너희 중에 누구든지 으뜸이 되고자 하는 자는 너희의 종이 되어야 하리라 인자가 온 것은 섬김을 받으려 함이 아니라 도리어 섬기려 하고 자기 목숨을 많은 사람의 대속물로 주려 함이니라" 마 20:25-28.

예수님은 말씀만 하신 것이 아니라, 그대로 직접 행하셨다. 행한 데서 그치지 않고 "으뜸이 되고자 한다면, 너도 이렇게 하라."고 그를 따르는 자들에게 섬김의 행동을 요구하셨다. 예수님은 이 세상의 질서를 뒤바꾸셨다. 그분의 체계 속에서는 섬김을 통해 으뜸이 될 수 있다. 곧 자신을 부인하고, 자기 십자가를 지고 예수님의 본을 따름으로써 으뜸이 될 수 있다는 뜻이다.

예수님은 무엇을 하셨는가?

섬기는 자는 누구인가? 섬기는 자란 예수님이 가신 곳을 가고 예수님이 하신 행동을 하는 사람이다. 따라서 우리는 예수님이 어디로 가셨는지, 무엇을 하셨는지 잘 알아야 한다. 요한복음 13장에 보면, 예수님이 제자들과 함께 유월절 축제를 보내셨다. 저녁식사가 시작되었는데, 예수님이 갑자기 일어나서 겉옷을 벗으셨다. 그리고 수건을 허리에 두르시고 대야에 물을 떠서 제자들의 발을 닦아 주셨다.

"그들의 발을 씻으신 후에 옷을 입으시고 다시 앉아 그들에게 이르시되 내가 너희에게 행한 것을 너희가 아느냐 너희가 나를 선생이라 또는 주라 하니 너희 말이 옳도다 내가 그러하다 내가 주와 또는 선생이 되어 너희 발을 씻었으니 너희도 서로 발을 씻어 주는 것이 옳으니라 내가 너희에게 행한 것 같이 너희도 행하게 하려 하여 본을 보였노라 내가 진실로 진실로 너희에게 이르노니 종이 주인보다 크지 못하고 보냄을 받은 자가 보낸 자보다 크지 못하나니 너희가 이것을 알고 행하면 복이 있으리라" 요 13:12-17.

물론 예수님이 섬김의 삶을 발을 씻어 주는 행동에만 국한시켰다거나, 우리가 해야 할 일이 발을 닦는 일이라는 뜻은 결코 아니다. 경우에 따라서는 직접 발을 닦아 주기보다 신발을 사

주는 것이 섬김이 될 수 있다. 어쨌든 여기서 예수님이 말씀하시고자 했던 것은 섬기는 자의 태도이다. 다른 사람이 나를 섬겨 줄 때까지 기다리는 것이 아니라, 오히려 다른 사람을 섬기기 위해서 누구보다 먼저 일어서는 사람이 되라는 것이다.

예수님을 본받으려면

리처드 포스터는 그의 책 「영적 훈련과 성장」이라는 책에서 요한복음 13장을 섬김의 훈련과 연관하여 다음과 같이 말했다.

> 십자가가 복종의 징표인 것처럼 수건은 섬김의 징표이다. 우리 대부분은 우리가 제일 큰 자가 될 수 없다는 것은 알지만, 제일 작은 자가 되는 것도 원치 않는다. 이 때 예수님께서 수건과 대야를 가져다가 발을 씻겨 주셨다. 그리하여 예수님은 누가 큰가에 대한 문제에 대해 다시 정의를 내리셨다.
> 어떤 면에 있어서 우리는 다른 사람의 발을 씻기라는 예수님의 말씀보다 복음을 위하여 부모나 집이나 전토를 버리라는 말씀을 더 좋아할 것이다. 철저한 자기부인은 모험을 한다는 느낌을 준다. 즉, 우리가 모든 것을 다 버린다면 영광된 순교의

기회까지도 가질 수 있다. 그러나 남을 섬기는 일에 있어서는 세속적이고 평범하고 보잘 것 없는 것을 한다고 느낀다.[18]

섬김은 결코 쉽지 않다. 물론 섬김이 자연스럽게 흘러넘치는 사람도 있다. 섬김에 자발적인 사람도 있고 미지근한 사람도 있다. 물론 영적 은사가 달라서 그럴 수도 있지만 동기의 문제도 있다. 요한복음 13장을 보면, 예수님이 제자들의 발을 닦으신 행동뿐만 아니라 그 동기까지도 알 수 있다.

"저녁 먹는 중 예수는 아버지께서 모든 것을 자기 손에 맡기신 것과 또 자기가 하나님께로부터 오셨다가 하나님께로 돌아가실 것을 아시고 저녁 잡수시던 자리에서 일어나"섬기셨다요 13:3-4. 예수님은 자신의 참된 정체성에 대해서 잘 알고 계셨다. 자신이 누구이며 어디로 갈 것인지 잘 아셨기 때문에 자유롭게 섬길 수 있었다. 마찬가지로 우리도 우리가 누구이며 어디로 갈 것인지 정확하게 이해할 때에야 진정으로 섬길 수 있다.

주님을 아는 사람이라면 누구나 이사야처럼 살아계신 하나님을 만난 사람이다. 성도들은 누구나 이사야가 들었던 말을 듣는다. "누가 갈 것인가? 누구를 보낼 것인가?" 내가 누구인지, 그리고 하나님이 어떤 분인지를 진정으로 안다면 이사야처럼 반응할 것이다. "내가 여기 있나이다 나를 보내소서"사 6:8.

주님을 따르고자 하는 근본 동기는 끊임없이 나 자신을 거룩하신 하나님 아버지 앞에 내어 드릴 때 생겨난다. 주님의 은혜에 감사할 때 다른 사람을 섬기고자 하는 소원함이 나를 압도하는 것이다.

따라서 하나님을 섬기고자 하는 마음이 없다면 하고 싶지 않은 일을 하느라 시간 낭비하지 말기 바란다. 대신 하나님의 임재 앞에 계속 나아가라. 성경 공부와 기도, 묵상, 예배를 통하여 하나님의 거룩하심과 공의, 전능하심과 자비와 은혜와 긍휼을 구하라. 만왕의 왕이시며 만유의 주, 알파와 오메가이신 곧 오실 주님, 초월적인 하나님을 늘 구하라. 주님 앞에 나아가면 하나님의 때에 다른 사람을 섬기고자 하는 마음이 자연스럽게 생길 것이다.

섬김의 훈련 방법

사도 베드로의 방법

섬김은 다른 사람의 필요에 따라 이뤄지기 때문에 사람들의 상상력만큼이나 다양하다. 베드로전서를 보라. "무엇보다도 뜨겁게 서로 사랑할지니 사랑은 허다한 죄를 덮느니라" 벧전 4:8.

"서로 대접하기를 원망 없이 하고 각각 은사를 받은 대로 하나님의 여러 가지 은혜를 맡은 선한 청지기 같이 서로 봉사하라 만일 누가 말하려면 하나님의 말씀을 하는 것 같이 하고 누가 봉사하려면 하나님이 공급하시는 힘으로 하는 것 같이 하라 이는 범사에 예수 그리스도로 말미암아 하나님이 영광을 받으시게 하려 함이니 그에게 영광과 권능이 세세에 무궁하도록 있느니라 아멘" 벧전 4:9-11.

『영적 훈련』 네비게이토, 1997을 쓴 도널드 휘트니는 위의 구절을 다음과 같이 요약했다.

섬김의 사역은 설교나 가르침처럼 공개적이기도 하지만 유아방에서 따로 아이들을 돌보는 것처럼 은밀하게 이뤄질 때가 더 많다. 또한 독창을 할 때처럼 사람들 눈에 잘 띄기도 하지만 대개 독창 소리를 크게 해 주는 음향 장비를 만질 때처럼 사람들 눈에 띄지 않는다. 또한 섬김은 예배 시간에 하는 훌륭한 간증처럼 사람들의 주목과 인정을 받을 수 있지만 교회 주방에서 설거지를 할 때처럼 아무런 주목이나 인정을 받지 못하는 경우가 더 많다. 대단하게 보일 때도 있지만 대부분 빙산과 같다. 오직 하나님의 눈동자만이 물 밑에 숨겨진 거대한 빙산을 보신다.[19]

교회 밖에서는 직장 동료가 병상에 계신 조부모에게 병문안을 다녀올 수 있도록 근무를 대신 서 주는 것이 섬김이 될 수 있다. 끼니를 굶는 사람들에게 밥과 반찬을 제공하거나 아이들과 함께 할 수 있는 봉사이다. 차가 고장 난 사람을 태워 주거나, 휴가를 떠난 사람 대신 애완견이나 화분을 돌봐 주고, 가장 어려운 것이지만 가정에서 섬김의 마음을 품는 것이 모두 섬김이다. 섬김이란 이렇게 상대방의 필요를 채워 주는 실제적인 행동이다. 그래서 이것은 훈련이 필요하다. 습관이 되어야 하기 때문이다.

전사와 컵을 든 사람

남자들은 뭔가를 해 내고 싶어 한다. 영화 《블랙 호크 다운》의 한 장면을 보면 이 같은 사실을 잘 알 수 있다. 한 병사가 상관에게 물었다. "정말로 이 작전으로 뭔가 달라질 거라고 믿으세요? 정말로?"

그러자 상관은 이렇게 대답했다. "여기 이 사람들에게는 일자리도 없고, 먹을 것도 없고, 학교도, 미래도 없어. 우리가 할 수 있는 것은 두 가지야. 도와주든지, 아니면 소파에 편하게 앉아서 CNN이나 보면서 이 나라가 망하는 걸 구경만 하든지. 난 전투를 하라고 훈련 받았네, 자넨 어떤가? 난 뭔가 해 낼 수 있도록 훈련 받았네."

그렇지만 또 작가 게리 스몰리와 같은 접근 방법도 있다. 그는 매일 머리속에 컵 하나를 상상하면서 잠자리에서 일어난다. 빈 컵을 들고 줄을 서서 예수님을 만나러 가는 것이다. 예수님으로 채워진 컵은 다른 사람을 섬기면서 비워진다. 다음 날 아침 일어나면, 그는 다시 빈 컵을 들고 줄을 서서 처음부터 다시 시작한다.

전사나 컵을 든 사람 모두 우리가 하나님을 어떻게 섬길 수 있는지를 보여 주는 비유이다. 중요한 것은, 하나님께서 우리를 어디로 인도하시든지 우리가 주님의 제자라는 사실을 증명하는 길은 열매를 많이 거두는 것이다. 주님은 이렇게 말씀하셨다. "너희가 열매를 많이 맺으면 내 아버지께서 영광을 받으실 것이요 너희는 내 제자가 되리라"요 15:8.

하나님 아버지, 하나님을 더 알고, 더 사랑하고자 이 책을 읽는 신실한 형제들이 있어 감사합니다. 또한 평범한 것들을 평범치 않은 눈으로 볼 수 있게 해 주셔서 감사합니다. 하나님의 나라는 이 세상의 가치와 정반대인 것을 상기해 주셔서 감사합니다. 삶 속에서 섬김의 훈련을 실천할 수 있도록 도와주옵소서. 그동안 보지 못했던 곳을 보게 해 주시고 더 많은 섬김의 기회를 허락해 주옵소서. 그리고 많은 열매를 거두게 하옵소서. 예수님의 이름으로 기도합니다. 아멘.

Review

- 그리스도인들은 섬기는 자로서의 책임이 있다. 도움이 필요한 사람을 도울 능력이 있는 한 우리는 계속 도움의 손길을 펼쳐야 한다.
- 섬기지 않으면 더 이상 행복하지 않을 것 같은 마음이 아니라면, 진정한 섬김이라고 할 수 없다.
- 섬기는 자란 예수님께서 가신 곳을 가고 예수님이 하신 행동을 하는 사람이다.
- 내가 누구인지, 그리고 하나님이 어떤 분이신지를 알게 되면, 이사야처럼 반응할 것이다. "내가 여기 있나이다. 나를 보내소서."
- 주님과 진정한 관계를 형성하면 하나님의 때에 다른 사람을 섬기고자 하는 마음이 자연스럽게 생길 것이다.
- 섬김은 다른 사람의 필요를 채우는 것이기 때문에 사람들의 상상력만큼이나 다양하다.

토론 문제

1. 섬김은 결코 선행을 통해 하나님의 은혜를 얻으려고 노력하는 것이 아니다. 이 사실을 각자 자신의 말로 설명해 보라.

2. 다른 사람들을 진심으로, 그리고 자발적으로 돕는 사람이 주위에 있다면 이야기해 보라. 그들을 움직이는 힘은 무엇인가?

3. 이 장에서 배운 것, 특히 요한복음 13장과 이사야 6장은 우리가 섬김의 삶을 살도록 어떻게 동기부여를 하는가?

   - 에베소서 2장 10절
   - 요한복음 15장 8절
   - 빌립보서 2장 5-11절
   - 야고보서 1장 27절, 2장 14-17절

4. 지금 어떤 섬김을 감당하고 있는가? 더 섬기고 싶은 열정이 있는가? 앞으로 무엇을 더 할 예정인가?

12
남자,
전도로 세상을 움직이다

Preview

- 하나님께서는 이 세상 사람들을 어떻게 생각하시는가?
- 어떻게 하면 상대방의 마음을 열 수 있는가?
- 사도 바울이 제시한 복음의 뼈대는 무엇인가?
- 전도를 좀 더 효과적으로 훈련할 수 있는 방법은 무엇인가?

A MAN AND EVANGELISM

경건 훈련의 목록에 전도를 포함시킨 것을 보고 놀랐을지도 모르겠다. 사람들이 내게, "자네에게는 전도의 은사가 있어." 하고 말할 때가 있다. 그렇지 않다. 내게는 전도의 은사가 없다. 그렇지만 나는 전도를 훈련의 하나로 실천하고 있다. 내게 전도는 자연스러운 것도 아니고 영적 은사도 아니다. 그렇지만 전도를 하는 이유는 바로 다음과 같은 주님의 명령 때문이다. "오직 성령이 너희에게 임하시면 너희가 권능을 받고 예루살렘과 온 유대와 사마리아와 땅 끝까지 이르러 내 증인이 되리라 하시니라"행 1:8.

분명하지 않은가? 제자가 된다는 의미 속에는 증인이 된다는 것을 포함하고 있다. 그것이 은사이든 아니든 이 말씀이 의미하는 바는 명쾌하다. 나는 이 말씀을 읽으면서 이렇게 말한다. "부족한 부분은 훈련으로 채우리라." 주님을 위해서, 그리고 다른 사람들을 위해서 그렇게 하는 것이다.

우주적인 고독감

견고하고 흔들림 없으며 외부의 어떤 자극에도 눈 하나 꿈쩍하지 않는 사람에게도 예수님이 필요하다. 하지만 이 사람들은 인간의 손으로 만든 다른 것들을 섬기고 있어서 마음속에 공허함이 가득하다.

주님을 모르는 사람들은 다른 것으로 그리스도를 대신하려고 한다. 그것은 잘못된 예배이다. 이러한 현상은 빈 마음을 채우려고 하는 깊은 갈망 때문이다. 그래서 사람들은 참된 의미나 본질적인 것, 사랑이나 목적을 갈구한다. 하지만 불행하게도 그리스도를 떠나서는 그 어떤 것도 참 만족을 주지 못한다. 그래서 결국 사람들은 이런 것들에 실망을 느낀다. 우주적인 고독감은 우리 영혼 구석구석에 널리 퍼져 짙은 얼룩을 남긴다. 온 우주에서 나 혼자라고 느끼는 방랑자가 되는 것이다.

어느 고등학교 벽에 걸린 포스터에 이런 글이 적혀 있었다. "우리는 우주에서 혼자일 수도 있고 아닐 수도 있다. 하지만 두 경우 모두 끔직한 일이다." 무서운 말이다. 누군가 이러한 우주적인 고독감으로 두려워할 때 당신이 옆에 있어 준다면 그보다 좋은 일이 어디 있겠는가.

하나님의 관점

내가 20년 동안 기도하고 있는 남성이 있다. 그 사람은 매우 완고하고 교만한 사람이다. 하지만 신기하게도 그 사람은 뭐 하나 잘못되는 것이 없다. 당신 주변에도 전도를 포기한 사람이 한 명쯤은 있을 것이다. 그렇지만 우리의 눈으로 그 사람들을 바라보아서는 안 된다. 하나님의 눈으로 그들을 보아야 한다.

마태복음 9장 36절을 읽어 보면 하나님의 관점을 알 수 있다. 앞 절에 보면 예수님은 계속해서 많은 사람들과 함께 계셨다. 회당에서 가르치시며 천국 복음을 전파하시고 병자들을 고치셨다. 그런데도 "무리를 보시고 불쌍히 여기시니 이는 그들이 목자 없는 양과 같이 고생하며 기진함이라."고 기록되어 있다. 이것이 바로 주님의 태도이고 주님의 관점이다. 주께서는 우리도 이러한 태도와 관점으로 사람들을 대하고 바라보기 원하신다.

우리가 이렇게 하나님의 눈으로 사람들을 바라보지 않는다면, 도움의 손길을 펼칠 수 있는 기회를 놓칠 수 있다. "하나님은 모든 사람이 구원을 받으며 진리를 아는 데에 이르기를 원하시느니라" 딤전 2:4. 구원은 우주적인 초청이다. 그렇다고 모든 사람들이 다 그 초청을 받아들인다는 뜻은 아니다.

하지만 하나님은 모든 사람이 다 구원 받기를 원하신다. 사도 베드로는 다음과 같이 말했다. "…오직 주께서는 너희를 대하여 오래 참으사 아무도 멸망하지 아니하고 다 회개하기에 이르기를 원하시느니라" 벧후 3:9. 하나님께서도 직접 이렇게 말씀하셨다. "죽을 자가 죽는 것도 내가 기뻐하지 아니하노니" 겔 18:32. 하나님께서 사람들을 이렇게 바라보시는데 왜 우리가 다른 눈으로 보아야 하는가?

전도란 무엇인가?

전도는 상대방이 반응하고 원하는 만큼 최대한 예수님께 이끌어 주는 것이다. 그렇지만 예수님을 믿도록 하기 위해 속이거나 두렵게 하거나 수치심을 느끼게 하는 것, 지금 자기가 말하는 것만이 유일한 전략이요 방법이며 프로그램이라고 말하는 것,

영접 유무에 따라 보상하는 접근 방식, 교회 등록을 전도라고 생각하는 것은 진정한 전도가 아니다.

전도는 예수님이 어떤 분인지 소개하고 구원으로 초청하는 것이며, 전도 대상자에게 강요하지 않으면서 최대한 예수님께 이끌어 주는 것이다. 반드시 즉각적인 결과를 얻기 위한 것은 아니다.

전도를 하면서 꼭 기억해야 할 것이 있다면, 하나님의 때는 신비롭고 우리가 마음대로 조정할 수 없다는 것이다. 하나님께서 그 영혼의 구원을 우리보다 더 간절히 원하신다.

요즘과 같은 정보화시대에 기독교에 대해서 들어보지 못한 사람은 거의 없을 것이다. 최소한 기독교를 폄하하거나 비판하는 소리라도 들어 봤을 것이다. 그렇지만 어떤 경우든 기독교를 거절하는 사람들은 기독교에 대해서 바르게 이해하지 못한 사람들이다.

그래서 전도는, 불신자들이 하나님이 어떤 분이신지 알도록 돕는 것이고, 예수 그리스도의 십자가를 통해 주시는 구원의 초청을 그들이 받아들일 수 있도록 도와주는 과정이다. 전도란 기독교에 대한 오해를 벗겨 줘서, 만약 그들이 거절한다 하더라도 그들이 거절하는 것이 정말 어떤 것인지 바르게 알도록 해 주는 것이다.

사람들은 언제 전도에 마음을 여는가?

그러면 어떻게 해야 사람들이 주님께 마음 문을 여는가? 사람들은 인생의 허무함을 인식하고 이러한 우주적 고독감을 극복하고 싶어 할 때 마음을 연다. 첫째, 영생에 대한 의문이 엄습해 올 때 마음을 연다. "영생의 끝자락은 어디 있을까? 어디서부터 시작되는 걸까?" 하고 우주 속에 사는 자신의 존재를 생각할 때가 있다. 인격적인 하나님을 모른 채 영생의 무한함을 생각하면 우주적 고독감을 느낄 수밖에 없다.

둘째, 인생의 덧없음을 느낄 때가 있다. 어린아이가 질병이나 치명적인 상해로 죽었을 때, 폐 기능을 거의 상실해서 시한부 인생을 살고 있는 중년 남성을 만났을 때, 우리는 죽음을 생각하지 않을 수 없다. 수많은 관계와 갈등, 좌절, 실패, 성공 등 여러 인생의 부침 속에서 우리 인생이 참으로 짧다고 느껴진다. 사람들은 이럴 때 우주적 고독감에 직면한다.

셋째, 죄의식을 느낄 때이다. 누구나 잘못을 범하거나 죄를 짓는다. 그렇지만 아무리 죄인이라도 하나님의 은혜로 성령의 역사가 함께 하면 자신의 태도나 행동이 얼마나 악한 것이었는지 깨닫고 거룩한 근심에 이를 수 있다. 이러한 죄의식은 우주적 고독감과 함께 사람들을 참된 회개에 이르게 할 수 있다.

넷째, 죽음에 대해 두려움을 느낄 때이다. 갑자기 예기치 못한 질병에 걸릴 수도 있다. 운전 도중 위험한 사고를 간신히 피했을 수도 있고, 사고 위험이 많은 일을 시작했을 수도 있다.

마지막으로 초월적인 세계를 갈망할 때 그렇다. 모든 인간은 궁극적인 세계, 즉 단순히 우리 눈에 보이고 손으로 만져볼 수 있는 이 세상을 초월한 다른 세계를 경험하고 싶어 한다. 주님이 만물의 근원이라는 사실을 모르는 사람들은 술에 취하고 성적 유희에서 만족을 찾고 화려한 경력을 추구하거나 돈을 긁어모은다. 하지만 어느 누구도 우주적 고독감에서 오는 빈 마음은 채울 수 없다. 해결 방법이 있다면 그것은 오직 하나님과의 관계이다. 감사하게도, 그 외 모든 것은 다 헛될 뿐이다.

당신은 바로 이런 사람들에게 사랑과 구원의 메시지를 전달하도록 하나님의 부름을 받았다. 예외는 없다. 현재 미국에는 15세 이상의 1억 1,300만 명의 인구 중 6,900만 명이 자신은 거듭나지 않았다고 생각한다. 당신 옆집에 사는 사람이나 직장 동료, 운동을 하면서 만나는 그 사람들이 곧 언젠가는 이러한 영생의 문제로, 인생의 덧없음과 죄의식으로, 혹은 죽음에 대한 두려움이나 초월적인 세계에 대한 갈망으로 고민하고 갈등할 때가 올 것이다.

그 때 그들이 고독감 때문에 누구에겐가 다가가려 한다면,

그리고 우리가 전도 훈련에 성실하게 임해 왔다면, 그들은 누구에게 가야 할지 알 것이다. 누가 그 자리에 있어야 하는가? 바로 당신이다. 우리는 이런 순간을 위해서 다른 사람들과 관계를 형성하고 하나님의 눈으로 그들을 보아야 한다.

전도의 삶

마태복음 9장 말씀으로 돌아가 보자. 예수님이 사람들의 영적 상태를 보시고 제자들에게 이렇게 말씀하셨다. "이에 제자들에게 이르시되 추수할 것은 많되 일꾼이 적으니 그러므로 추수하는 주인에게 청하여 추수할 일꾼들을 보내 주소서 하라 하시니라"37-38절.

믿는 자가 부족한 것이 아니다. 일꾼이 부족하다. 오늘 당신이 만나는 사람은 살아 있지만 죽은 사람이다. 하지만 누군가 말을 건넨다면 주님께 마음 문을 열게 될 사람이다. 그들은 아무 문제도 없는 것처럼, 복음에 아무런 관심이 없는 것처럼 행동하지만, 사실은 그렇지 않다.

그렇다면 왜 많은 그리스도인들이 이러한 사람들에게 아무런 반응을 하지 못하는 것인가? 우리가 하나님의 눈으로 그들을 볼 수 있게 되었다면, 이제 전도 훈련의 동기를 부여해 준 그 원동력이 무엇인지 알아보아야 한다. 전쟁터에 있던 사도 바울을 보라. "그러나 무엇이든지 내게 유익하던 것을 내가 그리스도를 위하여 다 해로 여길뿐더러 또한 모든 것을 해로 여김은 내 주 그리스도 예수를 아는 지식이 가장 고상하기 때문이라 내가 그를 위하여 모든 것을 잃어버리고 배설물로 여김은 그리스도를 얻고"빌 3:7-8.

로마서 1장 16절을 보라. "내가 복음을 부끄러워하지 아니하노니 이 복음은 모든 믿는 자에게 구원을 주시는 하나님의 능력이 됨이라 먼저는 유대인에게요 그리고 헬라인에게로다." 고린도전서 2장 2절을 보라. "내가 너희 중에서 예수 그리스도와 그가 십자가에 못 박히신 것 외에는 아무 것도 알지 아니하기로 작정하였음이라." 고린도전서 9장 16절을 보라. "내가 복음을 전할지라도 자랑할 것이 없음은 내가 부득불 할 일임이라 만일 복음을 전하지 아니하면 내게 화가 있을 것이로다."

무엇이 사도 바울을 이렇게 전적으로 전도에 헌신하도록 훈련시켰는가? 어떤 믿음이 이러한 고백을 하도록 만들었는가? 사도 바울이 믿은 것을 우리도 믿는다면, 그리고 하나님의 눈으로 바라본다면, 전도가 우리의 모든 것이 될 것이다. 과연 사도 바울이 무엇을 알고 있었는지 보자.

그는 영생의 위대함을 알고 있었다. 그는 정말로 천국과 지옥, 구원이 있다고 믿었다. 그는 모든 사람들에게 그리스도가 필요하다고 믿었다. 이것이 기독교의 근본적인 가르침이다. 우리는 모두 그리스도가 필요한 죄인들이다. 사도 바울은 예수님이 유일한 그리스도라고 믿었다. 요한복음 14장 6절을 보면, 예수께서 제자들에게 이렇게 말씀하신다. "예수께서 이르시되 내가 곧 길이요 진리요 생명이니 나로 말미암지 않고는 아버지께로 올 자가 없느니라." 그분만이 유일한 길이다. 사도 바울은, 구원은 결코 선행이 아니라 회개와 예수 그리스도를 믿음으로써 얻어진다고 믿었다.

이것이 바로 사도 바울이 그렇게 전도에 전적으로 헌신할 수 있었던 이유이다. 그는 이 세상에서 가장 큰 특권은 하나님의 택함을 받고 구원을 얻는 것이라고 믿었다. 그 다음으로 큰 특권이 있다면, 그것은 다른 이들도 이와 같은 구원을 경험하도록 돕는 것이다.

어떻게 전도할 것인가?

오늘날 수많은 사람들이 믿음이 어떻게 자신의 보잘 것 없는 인생을 변화시킬 수 있는지 알고 싶어 한다. 그렇지만 대부분이 아무런 설명을 듣지 못한다. 그들을 위해 당신이 스스로를 훈련시킬 수 있는 몇 가지 방법을 단계별로 설명하겠다.

- 1단계: 그 사람을 위하여 기도하라. 그 영혼을 내 가슴에 품게 해 달라고 하나님께 기도하라.
- 2단계: 약속을 잡으라. 하나님께서 마음에 품게 해 주신 태신자와 식사나 커피를 한 잔 할 수 있는 약속을 잡으라.
- 3단계: 경청하라. 적당한 때에 상대방에게 영적인 질문을 해 보라. 지난 30여 년 동안 이런 질문에 관심이 없는 사람을 본 적이 없다.
- 4단계: 간증을 나누라. 다음 부분에 쉽게 간증을 준비할 수 있는 방법에 대해서 적어 놓았다.
- 5단계: 주님을 어떻게 영접할 수 있는지 설명하라. 만약 확인하고 싶으면 상대방에게 이미 예수님을 영접한 경험이 있는지, 구원의 확신이 있는지 물어보라.

여기에 두 단계를 덧붙인다면 상대방에게 자신의 간증을 전할 수 있도록 준비하는 것과, 하나님의 구원 계획을 성경 말씀에서 설명할 수 있도록 준비하는 것이다.

어떻게 간증할 것인가?

상대방을 주님께 인도하는 데 간증보다 더 효과적인 것은 없다. 당신이 바로 주님을 믿고 변화된 삶을 경험했기 때문이다. 신학대학원에서 기독교 변증학을 가르치던 교수가 이렇게 말했다. "하나님의 존재에 관한 가장 강력한 논증은 바로 변화된 삶이다." 간증할 때는 당신의 삶이 변화된 이유도 함께 전해야 한다.

이야기를 나누다가 상대방이 당신에게 마음을 열었다고 느끼면, 그 때 간증을 하라. 당신의 이야기는 그 어떤 신학 이론보다 훨씬 더 강력하다. 10분 이하의 분량으로 준비하는 것이 좋다. 시간이 여의치 않은 경우를 대비해서 3분 정도의 내용도 함께 준비하라. 그리고 어느 경우든지 아래의 세 가지 내용을 말해야 한다.

- **믿기 전**: 예수님을 믿기 전에 공허함이나 혼란, 외로움, 환멸감, 덧없음, 성공했지만 행복하지 않았던 상황에 대해서 상대방의 상황과 연관해서 이야기한다.
- **어떻게**: 어떻게 예수님을 믿게 되었는지, 어디서, 누가 어떻게 도와줬는지, 당신의 반응은 어땠는지 이야기하면서, 죄를 깨닫고, 진리를 갈급해 한 것, 예수 그리스도가 누구이며

회개와 믿음이 무엇인지 설명한다.
- 믿은 후: 예수님을 영접한 이후 삶이 어떻게 달라졌는지, 상대방의 고민이나 갈등과 연관해 설명한다.

두 시간 정도 간증문을 써 보는 것이 간증을 준비하는 데 도움이 될 것이다. 연습을 해 보고, 3분 짜리 간증 정도는 외워 보라. 적절한 단어와 표현을 찾으라. 마크 트웨인은 적당한 말이 강력한 도구라고 말했다. 마이클 조던도 연습을 안 하면 어떻게 되는지 잘 알고 있을 것이다.

영접으로 안내하기

영접 기도를 해도 좋은지 확신이 들지 않으면 상대방에게 물어보라. 이미 예수님을 영접하고 죄의 용서를 구한 적이 있는지, 구원의 확신이 있는지 확인해야 한다. 영접을 한 적이 있다면 어떻게 영접했는지 물어보라. 분명하게 영접한 경험이 있다면 다시 확인만 해 주고, 만약 영접한 경험이 없다면 영접을 원치 않더라도 다음 단계로 넘어 가라. 즉, 상대방에게 주님이 어떤 분이시고 왜 이 땅에 오셨는지, 그리고 주님을 믿는다는 것이 무슨 의미인지 설명하라. 설명하기 전에는 동의를 구해야 한다. 그런 후에 전도지에 쓰인 복음의 내용을 읽어 주어라. 나는 대학생 선교회의 사영리 소책자로 전도한다. 이런 전도 소책자가 없으면 다음의 성경 구절들을 읽어 주는 것도 좋다.

1. 예수님은 누구신가?

- 그분은 구원자이십니다: "여자가 이르되 메시야 곧 그리스도라 하는 이가 오실 줄을 내가 아노니 그가 오시면 모든 것을 우리에게 알려 주시리이다 예수께서 이르시되 네게 말하는 내가 그라 하시니라"요 4:25-26.
- 그분은 하나님이십니다: "이는 하나님의 영광의 광채시요 그 본체의 형상이시라 그의 능력의 말씀으로 만물을 붙드시며 죄를 정결하게 하는 일을 하시고 높은 곳에 계신 지극히 크신 이의 우편에 앉으셨느니라"히 1:3, "그는 보이지 아니하는 하나님의 형상이시요 모든 피조물보다 먼저 나신 이시니"골 1:15, "그 안에는 신성의 모든 충만이 육체로 거하시고"골 2:9, 예수님께서 직접 말씀하시기를 "나를 본 자는 아버지를 보았거늘"요 14:9, "나와 아버지는 하나이니라 하신대"요 10:30.

- 그분은 아버지께로 가는 유일한 길입니다: "내가 곧 길이요 진리요 생명이니 나로 말미암지 않고는 아버지께로 올 자가 없느니라"요 14:6.

2. 예수님은 왜 오셨는가?

- 잃어버린 자를 찾으시기 위하여 : "인자가 온 것은 잃어버린 자를 찾아 구원하려 함이니라"눅 19:10.
- 죄인들을 구원하시기 위하여 : "미쁘다 모든 사람이 받을 만한 이 말이여 그리스도 예수께서 죄인을 구원하시려고 세상에 임하셨다 하였도다 죄인 중에 내가 괴수니라"딤전 1:15.
- 하나님의 사랑을 보여 주시기 위하여 : "우리가 아직 연약할 때에 기약대로 그리스도께서 경건하지 않은 자를 위하여 죽으셨도다 의인을 위하여 죽는 자가 쉽지 않고 선인을 위하여 용감히 죽는 자가 혹 있거니와 우리가 아직 죄인 되었을 때에 그리스도께서 우리를 위하여 죽으심으로 하나님께서 우리에 대한 자기의 사랑을 확증하셨느니라"롬 5:6-8.
- 우리의 죄를 대속하시기 위하여 : "하나님의 사랑이 우리에게 이렇게 나타난 바 되었으니 하나님이 자기의 독생자를 세상에 보내심은 그로 말미암아 우리를 살리려 하심이라 사랑

은 여기 있으니 우리가 하나님을 사랑한 것이 아니요 하나님
이 우리를 사랑하사 우리 죄를 속하기 위하여 화목 제물로
그 아들을 보내셨음이라"요일 4:9-10.

- 영원한 구원의 근원이 되시기 위하여 : "그가 아들이시면서
  도 받으신 고난으로 순종함을 배워서 온전하게 되셨은즉 자
  기에게 순종하는 모든 자에게 영원한 구원의 근원이 되시
  고"히 5:8-9.

3. 예수님을 구주로 영접한 사람들을 위해서 예수님은 무엇을 하시는가?

- 영생을 주신다 : "하나님이 세상을 이처럼 사랑하사 독생자
  를 주셨으니 이는 그를 믿는 자마다 멸망하지 않고 영생을
  얻게 하려 하심이라"요 3:16, "예수께서 이르시되 나는 부활
  이요 생명이니 나를 믿는 자는 죽어도 살겠고"요 11:25, "죄
  의 삯은 사망이요 하나님의 은사는 그리스도 예수 우리 주
  안에 있는 영생이니라"롬 6:23.

- 우리의 죄를 용서하신다 : "만일 우리가 죄가 없다고 말하면
  스스로 속이고 또 진리가 우리 속에 있지 아니할 것이요 만
  일 우리가 우리 죄를 자백하면 그는 미쁘시고 의로우사 우리

죄를 사하시며 우리를 모든 불의에서 깨끗하게 하실 것이요." 요일 1:8-9.

- 하나님의 자녀라는 신분과 특권을 주신다 : "영접하는 자 곧 그 이름을 믿는 자들에게는 하나님의 자녀가 되는 권세를 주셨으니" 요 1:12.

4. 어떻게 주님을 따르는 그리스도인이 될 수 있는가?

- 회개와 믿음을 통하여 그리스도인이 될 수 있다 : "너희는 그 은혜에 의하여 믿음으로 말미암아 구원을 받았으니 이것은 너희에게서 난 것이 아니요 하나님의 선물이라 행위에서 난 것이 아니니 이는 누구든지 자랑하지 못하게 함이라" 엡 2:8-9.

선행은 하나님의 사랑을 얻는 수단이 아니다. 하나님은 우리를 만드셨기에 우리를 무조건 사랑하신다. 그래서 예수님께서 우리의 죄를 대신하여 죽으셨다. 우리가 죄인임을 고백하면 주께서 우리 죄를 사하시고 그 은혜로 말미암아 영생의 선물을 주신다. 그것을 믿을 때 그리스도인이 될 수 있다.

그렇다면 이제 기도할 때이다. 기도는 하나님과 이야기하는 방법이다.

"하나님 아버지, 제게는 예수님이 필요합니다. 제가 죄인임을 고백합니다. 제게는 구주가 필요합니다. 제 죄를 대신하여 죽으시고 영생의 선물을 허락해 주셔서 감사합니다. 이제 주님께서 저의 죄를 사해 주시고 영원한 구원의 선물을 주실 것을 믿습니다. 주님을 제 마음 속에 영접하오니 들어오셔서 저를 바꾸시고 하나님이 원하시는대로 빚어 주옵소서. 예수님의 이름으로 기도합니다. 아멘."

먼저 이 기도문을 소리 내어 읽어 준 후에, 그대로 기도하고 싶은지 물어보라. 동의하면 한 문장씩 소리 내어 따라하게 하라. 기도가 끝나면 축하해 주어라. 그리고 믿음이 성장하도록 돕겠다고 말하라. 교회에 초대하고 다른 성도들과 교제하도록 도와주어라. 이 귀한 순간이 기쁨과 축제의 순간이 되도록 하라. 땅에서 기뻐하면 하늘에서도 기뻐할 것이다.

복음이 역사하도록

오스왈드 챔벌스는 이렇게 말했다. "예수님을 믿는다는 것은 오직 구속의 효과로 인한 기적이다. 훌륭한 언변에 의해서도 아니고, 귀찮게 졸라서 되는 것도 아니다. 오직 하나님의 능력으로 이뤄지는 것이다." 전도는 우리가 선한 사람이 되어야 이뤄지는 것이 아니다. 하나님께서 그저 우리를 사용하시도록 하라. 전도지나 성경 구절을 읽어 주어라. 자꾸 끼어들려고 하지 말라. 나머지는 성령께서 하신다. 상대방이 복음을 전하는 당신이 아니라 예수님의 복음에 놀라게 해야 한다.

세상에는 우주적 고독감에 시달리는 사람들이 아직도 많다는 사실을 기억하라. 그들은 이러한 문제에 대해서 누군가와 이야기하고 싶어 한다. 전도를 할 때 반드시 결과를 얻어야 한다고 생각하지 말라. 상대방이 반응하는 만큼, 원하는 만큼만 인도해 주면 된다. 물론 영접하는 단계까지 갈 수도 있을 것이다. 하지만 상대방은 자신의 어려움을 들어 주는 것만 원할 수도 있다. 그들이 원하는 만큼, 반응할 수 있는 만큼 동행해 주는 것, 그것이 바로 전도의 훈련이다.

하나님 아버지, 지금까지 배웠던 내용들이 제 가슴에서 불타오르게 하소서. 사람들을 향해서 잘못된 태도를 가진 자들이 있다면, 그리고 하나님의 눈으로 바라보지 못하는 자들이 있다면, 새로운 눈을 허락해 주소서. 또한 성경 말씀을 기록된 그대로 믿을 수 있는 믿음도 허락해

주소서. 사도 바울이 믿었던 것을 우리도 그대로 믿게 하셔서, 전도에 대한 무관심과 두려움을 깨뜨리고 전도를 방해하는 모든 것들을 뛰어 넘게 하소서. 이 세상에 잃어버린 모든 영혼들을 위해 기도합니다. 그들이 우주적 고독감에 사로잡히게 하시고 이를 통해서 하나님 아버지께 돌아와 구원 받게 하소서. 저희가 은사를 받은 자처럼 전도를 자연스럽게 하지 못한다면 부족한 부분을 훈련으로 대신하게 하소서. 예수님의 이름으로 기도합니다. 아멘.

Review

- 하나님의 눈으로 사람들을 바라보지 않는다면, 도움의 손길을 펼칠 수 있는 기회를 놓칠 수 있다.
- 전도란 상대방이 반응하는 만큼, 원하는 만큼 최대한 예수님께 이끌어 주는 것이다.
- 내가 사용하는 방법이 최선의 전도 방법이다.
- 전도는 불신자들이 하나님을 알도록 돕고, 예수 그리스도의 십자가를 통해 주시는 구원의 초청을 받아들이도록 도와주는 과정이다.
- 전도란 불신자들의 기독교에 대한 오해를 벗겨 줘서 그들이 거절한다 하더라도 그들이 거절하는 것이 어떤 것인지 바르게 알게 해 주는 것이다.
- 상대방에게 간증할 수 있는 준비를 해 두라.
- 하나님의 구원 계획을 성경을 활용해 설명할 수 있도록 준비하라.

토론 문제

1. 사람들은 언제 복음에 마음을 여는가? 당신은 이에 민감하게 반응할 수 있는가?

2. 다음 성경 구절에서 하나님이 어떻게 사람들을 바라보시는지 말해 보라.

- 마태복음 9장 36절
- 디모데전서 2장 4절
- 베드로후서 3장 9절
- 에스겔 18장 23절

이 말씀들을 내 삶에 어떻게 적용할 수 있는가?

3. 당신은 사도 바울이 빌립보서 3장 7-11절에서 기록한 말씀에 얼마나 가까이 있는가?

4. 이 장에서 언급한 성경 구절들을 근거로 전도 훈련을 하고, 전도를 신앙 생활의 우선 순위에 두려면 무엇을 믿어야 하는가?

후기

이제 마무리해야 할 때가 왔다. 이 책은 단순히 신앙을 성숙시키는 방법을 가르쳐 주는 책이 아니다. 그것은 복음이 아니다. 복음은 회개와 믿음으로 나아오라는 하나님의 부르심에 관한 것이다. 열심히 노력해서 하나님께 점수를 얻으려고 하는 것이 아니라는 말이다. 우리는 하나님의 은혜에 감사하는 마음으로, 그리고 주님과 더 깊이 동행하는 삶을 위해서 경건 훈련을 한다. 하나님께 눈도장 같은 걸 받으려고 경건 훈련에 임하는 것이 아니다.

다음 페이지에 지금까지 배운 열두 가지 경건 훈련을 적어 놓았다. 각 항목마다 빈 공간을 남겨 두었으니, 거기에 당신이 가장 은혜 받았던 내용이나 실천하고자 하는 구체적인 계획 등을 자유롭게 적어 보라. 그리고 기록한 것을 삶에 적용해 보기 바란다.

- 남자와 창조 _____
  _____

- 남자와 성경 _____
  _____

- 남자와 기도 _____
  _____

- 남자와 예배 _____
  _____

- 남자와 안식 _____
  _____

- 남자와 교제 _____
  _____

- 남자와 조언 _____
  _____

- 남자와 금식 _____

  _____

- 남자와 영적 전쟁 _____

  _____

- 남자와 청지기직 _____

  _____

- 남자와 섬김 _____

  _____

- 남자와 전도 _____

  _____

이러한 경건 훈련을 통해서 하나님을 존중하고 하나님의 존중을 받는 자가 되기 바란다.

주

1. Patrick Morley, David Delk, and Brett Clemmer, *No Man Left Behind* (Chicago: Moody, 2006), 33.

2. C. S. 루이스, 이종태 역, 「고통의 문제」(홍성사, 2008).

3. 프란시스 쉐퍼, 김영재 역, 「이성에서의 도피」(생명의말씀사, 2006).

4. 루돌프 오토, 길희성 역, 「성스러움의 의미」(분도출판사, 1987).

5. Peter Cousins, "The Bible is different," *Eerdman's Handbook to the Bible*, ed. David Alexander and Pat Alexander (Grand Rapids: Eerdmans: 1973), 33.

6. Josh Mcdowell, *The New Evidence that Demands a Verdict* (Nashville: Nelson, 1999), 34-38.

7. C. S. Lewis, *God in the Dock* (Grand Rapids: Eerdmans, 1970), 106-107.

8. 위와 같은 책, 107.

9. 패트릭 몰리, 이국진 역, 「거울 속의 남자」(아가페출판사, 2001).

10. John Rossomando, "Born-Again Christians No More Immune to Divorce Than Others, Says Author," CNS News, http://www.cnsnews.com/View Culture.asp?/Page-/culture/archive

11. J. I. Packer, *A Quest for Godliness* (Wheaton, Ill.: Crossway, 1990), 249.

12. 위와 같은 책.

13. 더글러스 커플런드, 권정희 역, 「신을 찾아가는 아이들」(문학동네, 1996).

14. 본 단락의 제목과 내용을 정확하게 이해하기 위해서는 우리와 달리 영어권에서는 예배나 숭배 모두 "worhsip"이라는 동일한 단어를 사용한다는 것을 기억할 필요가 있다. 즉 저자는 언어유희를 통해서 우리는 사람들의 worship(숭배)를 얻으려 하지 말고 오히려 하나님께 worship(예배)를 드려야 한다고 말함으로써, 하나님 외에 그 어떤 것도 worship(예배)의 대상이 될 수 없으며, 우리가 세 유형 중 어떤 유형에 속할지라도 오직 하나님께 worship(예배) 드림을 통해서만 치유와 만족과 행복에 이를 수 있다고 말한다. – 역주.

15. C. S. 루이스, 홍종락 역, 『영광의 무게』(홍성사, 2008).

16. 리처드 백스터, 최치남 역, 『참 목자상』(생명의말씀사, 2003).

17. 로버트 콜먼, 홍성철 역, 『주님의 전도 계획』(생명의말씀사, 2007).

18. 리처드 포스터, 권달천·황을호 역, 『영적 훈련과 성장』(생명의말씀사, 1986).

19. 도널드 휘트니, 조성동 역, 『영적 훈련』(네비게이토, 1997).